Karl-Dietrich Opitz · Notlandung am Kilimandscharo

Karl-Dietrich Opitz

Notlandung am Kilimandscharo

und andere Geschichten aus Afrika

Verlag der
Liebenzeller Mission
Lahr

Die Deutsche Bibliothek – CIP-Einheitsaufnahme

Opitz, Karl-Dietrich:
Notlandung am Kilimandscharo und andere Geschichten aus Afrika /
Karl-Dietrich Opitz. – Lahr : Verl. der Liebenzeller Mission, 1996
   (TELOS-Bücher ; Nr. 2377 : TELOS-Paperback)
   ISBN 3-88002-596-7
NE: GT

ISBN 3-88002-596-7

TELOS-Bücher
TELOS-Paperback 2377
Alle Rechte vorbehalten, auch der auszugsweisen Wiedergabe und Fotokopie
© 1996 by Edition VLM im Verlag der St.-Johannis-Druckerei, Lahr
Umschlaggestaltung: Grafisches Atelier Arnold, Dettingen/Erms
Gesamtherstellung:
St.-Johannis-Druckerei, 77922 Lahr
Printed in Germany   12348/1996

Inhalt

Anstatt eines Vorwortes: Reisen in Afrika 7
Herr Berger hat Angst 10
Notlandung am Kilimandscharo 14
Eine Kamelkarawane zieht vorbei 28
Der Samariter war ein Muslim 41
Fünfzig Dollar als Lebensversicherung 50
Kennen Sie Msase? 60
Unter Rebellen 72
Umzingelt von Gewehren und Speeren 80
Ein Bettler stirbt 88
Umsturz im Touristenland 93
Sandsturm in der Wüste 103
Den Finger am Abzug 116
Eine Stunde versichert 127
Auf der Brücke wird geschossen 137
Die Macht des Bösen 142
Beziehungen sind wichtig 150
Gelbsucht gab es gratis 156
Entebbe meldet sich nicht 167
Sicherheiten aufgeben 177
Worterklärungen 180

Anstatt eines Vorwortes:
Reisen in Afrika

Das ganz große Abenteuer gibt es in Afrika kaum noch. Wir reisen heute bequemer als die ersten Entdecker. Ihre Zeit liegt weit über hundert Jahre zurück. Und doch denken wir an »Abenteuer«, wenn der Name SAFARI fällt. Wir denken an Ostafrika. Wir denken an das sonnenreiche Kenia, an die Hauptstadt Nairobi und an die alte muslimische Hafenstadt Mombasa am Indischen Ozean. Und wir denken an Urlaub, an Foto-Safaris, an abenteuerliche Fahrten mit einem Geländewagen in die weiten Tierparks oder an einen Badeurlaub am Äquator mit viel Freizeitspaß. Den Kilimandscharo in Tansania oder den Mount Kenya besteigen, dazu viel Sonne tanken, das sind unsere geheimen Wünsche.

Darum landen jährlich Tausende von Touristen auf den beiden internationalen Flugplätzen in Kenia. Sie alle suchen Entspannung und das kleine Abenteuer. Mit einem Blick erfassen sie die Schönheit des Landes, sie entdecken eine neue Vogel- und Tierwelt. Aber wer von den sonnenhungrigen Besuchern aus Europa und Amerika sieht den blinden jungen Mann, der an einer schattigen Straßenecke sitzt und den Passanten aus seiner Bibel in Blindenschrift vorliest? Wer beachtet den blinden Bettler, der mit seinem Langstock an den Straßencafés vorbeigeht, in der Hoffnung, ein paar Schillinge zu bekommen, ein Zubrot zum ärmlichen Verdienst der Familie? Wer weiß um die Armut, die sich hinter den lachenden Gesichtern des Hotelpersonals versteckt? Wer weiß um die Hungerlöhne, um die hoffnungslose Arbeitslosigkeit und um die vielen Krankheiten, die still erduldet werden?

Wo der Staat nicht helfen kann, greifen die Missionen und Kirchen ein. Darum unterstützt die Christoffel-Blindenmission (CBM) viele diakonische Einrichtungen auf dem ganzen afrikanischen Kontinent. Zu meinen Aufgaben gehörte es, viele dieser Kirchen zu beraten und ihre diakonischen Einrichtungen zu besuchen.

Wer lange genug dort lebt, der entdeckt, daß Afrika nicht nur ein Kontinent für Touristen ist. Afrika ist auch nicht nur ein zusätzlicher Absatzmarkt für Großfirmen aus Europa, sondern Afrika ist auch ein Kontinent der jungen Kirchen. Viele dieser Kirchen sind entstanden, als Schwarz-Afrika in den sechziger Jahren unabhängig wurde. Sie versuchen in die Fußtapfen der früheren Missionen zu treten. Aber die waren viel reicher. Darum gibt es Partnerschaften. Zusammen mit den Partnern aus Übersee versuchen die Kirchen, das Elend in ihrem Land einzudämmen. Doch manchmal erscheint die Not wie ein Faß ohne Boden, die Hilfe wie ein Tropfen auf den heißen Stein. Es scheint, als ob wir mit allen Anstrengungen nur auf der Stelle treten. Und doch gibt es auch Erfolge zu verzeichnen. Als Rezept gelten die kleinen Schritte. Man feiert den kleinen Erfolg.

Wir arbeiteten auf dem Kontinent jahrelang als Missionare. Gott hatte meine Frau und mich in seinen Dienst gerufen. Wir folgten seinem Ruf nach langem Zögern.

In den ersten Jahren unseres Dienstes lebten wir in dem alten Kaiserreich Äthiopien. Dort wohnten wir weit im Inland, nahe der sudanesischen Grenze. Damals lebte noch der Kaiser Haile Selassie. Er war der Löwe von Juda, der Negus Negesti, der König der Könige, der Kaiser Äthiopiens. Und er war der Garant für das Christentum. Noch im Jahr 1973 erhielt die Evangelische Kirche Deutschlands den »Haile-Selassie-Friedenspreis«. Dann kam der Umsturz. Der Kaiser wurde abgesetzt. Das Land erlebte eine sozialistische Revolution, die Abkehr vom Christentum, den langen Krieg gegen Somalia. Wir wohnten bis zum Endsieg gegen Somalia im Lande.

Danach zogen wir nach Kenia, in das herrliche Touristenland. Was war das für ein Wechsel! Wir lebten zehn Jahre in der Hauptstadt Nairobi. In dieser Zeit unternahmen wir unzählige Dienstreisen. Immer mit dem Ziel, blinden und behinderten Menschen zu helfen. Diese Reisen führten uns nicht nur nach Mombasa, sondern quer durch den ganzen afrikanischen Kontinent. Wir erlebten das ursprüngliche Afrika in seiner Schönheit und in seiner großen Not.

Und überall in der Fremde haben wir Christen getroffen, Geschwister, die zu der großen Familie Gottes gehören, ob es Bischöfe waren, Ärzte oder Schwestern, einfache Tagelöhner, Handwerker oder Bauern. Wir haben Freunde gewonnen und gelernt, in anderen Kulturen zu leben. In diesen Jahren haben wir ganz besonders Gottes Bewahrung und Durchhilfe erfahren, so wie man sie wohl kaum im abgesicherten Europa erleben kann.

In dem Lied »Lobe den Herren, den mächtigen König der Ehren« heißt es: ». . . in wieviel Not hat nicht der gnädige Gott über dir Flügel gebreitet.«

Von diesem großen Gott erzählt dies Buch.

»Notlandung am Kilimandscharo« ist eine Sammlung von kurzen Geschichten, die wir persönlich erlebt haben. Es sind alles Tatsachenberichte; die Namen der Personen haben wir geändert.

Herr Berger hat Angst

Es war noch früh am Vormittag. Wir waren um 7.55 Uhr in Nairobi mit dem Flug Nummer ET 951 gestartet. Ich war auf dem Weg nach Brazzaville im Kongo. Die Heilsarmee hatte mich eingeladen. Gemeinsam mit unserer Mission sollte den blinden Menschen geholfen werden. Weil es damals noch keinen Direktflug gab, mußte ich nach Kamerun fliegen, dort übernachten und am nächsten Tag nach Brazzaville weiterfliegen. Nachdem wir die Reiseflughöhe erreicht hatten, meldete sich der Flugkapitän: »Meine Damen und Herren, hier spricht Ihr Kapitän. Mein Name ist Tasfaye. Ich heiße Sie an Bord unserer Boeing 707 ganz herzlich willkommen. Wir überfliegen gerade die Grenze von Kenia. Unsere Flugroute führt über Tansania, den südlichen Teil des Victoriasees und Burundi nach Zaire. Ich wünsche Ihnen einen angenehmen Flug.« Der Victoriasee sah von hier oben wie ein Waschbrett aus. Die gleichmäßigen Wellen zeichneten sich deutlich auf dem graublauen Wasser ab. Nachdem wir Burundi überflogen hatten, änderte sich die Landschaft unter uns. Wir sahen tief unter uns den Urwald liegen, der keinen Anfang und kein Ende zu haben schien. Ich saß wie üblich auf einem Platz am Mittelgang. Leider war dies das Raucherabteil. Die Plätze für Nichtraucher waren schnell ausgebucht. Und ich hatte mich zu diesem Flug sehr kurzfristig entschieden. Da durfte ich nicht wählerisch sein.

Ich nutzte die Zeit und las mir noch einmal die Akte »Brazzaville« durch, um bei meinen Gesprächen fit zu sein. In Gedanken bastelte ich an möglichen Vorschlägen über die Rehabilitation von blinden Erwachsenen. Da wurde ich in meinen Gedanken unterbrochen. Mein Nachbar fragte mich: »Wo werden Sie in Douala übernachten?« Diese Frage kam für mich unvermutet. Ich konnte den Namen des Hotels im Augenblick nicht nennen und schaute im Reiseplan nach, den mir das Reisebüro gegeben hatte. Ich zeigte auf den Namen »Hotel La Falaise«. Darunter konnte ich mir nichts vorstellen. Dies war mein erster Besuch in Douala. Da meinte mein Nachbar, der sich als Herr Berger vorstellte: »Dann können wir ja den Abend gemeinsam verbringen; ich steige auch im »La Falaise« ab. Ich war schon öfter dort. Das Hotel ist billig, und man bekommt gutes Essen, gute französische Küche.« So waren wir kurz nach dem Start vom »Jomo Kenyatta Airport« in Nairobi ins Gespräch gekommen. Herr Berger war Vertreter einer deutschen Firma und vertrieb Kühlschränke und Gefriertruhen, genau das richtige für Afrika. Man sah ihm den Geschäftsmann an. Der helle Tropenanzug paßte gut zu seiner hageren Gestalt. Die blaugestreifte Krawatte hatte er tief heruntergezogen und den oberen Kragenknopf geöffnet. Daß er mit Sicherheit schon über vierzig Jahre alt sein mußte, sah man nur an seiner eleganten Lesebrille, die er gelegentlich aus dem Etui nahm, um etwas aus seinen Unterlagen zu finden. Er hatte noch immer seine Aktentasche aus echtem Büffelleder geöffnet auf seinen Knien. Herr Berger war ein Mann von Welt, man sah Kreditkarten, Akten und Magazine.

Mir war aufgefallen, daß Herr Berger zu Beginn des Fluges ungewöhnlich verkrampft im Sessel saß. Er entspannte sich erst langsam, nachdem uns der Flugkapitän über den Bordlautsprecher mitgeteilt hatte, daß wir die Reiseflughöhe erreicht hätten. Nachdem die erleuchteten Schilder »BITTE NICHT RAUCHEN« und »BITTE ANSCHNALLEN« erloschen waren, zündete sich Herr Berger gleich eine Zigarette an. Wenig später wurden Getränke serviert, ein Frühstück mit Rühreiern und Kaffee gab es danach. Herr Berger hatte jetzt seine Beine locker übergeschlagen. Er trank mehrere Dosen Bier, obwohl es noch früh am Vormittag war. Danach fing er an zu reden: »Ist Ihnen auch immer so unwohl bei dieser Fliegerei?« Und ohne auf eine Antwort zu warten, redete er gleich weiter: »Ich hasse diese Flüge, aber das ist nun mal mein Job. Man verdient nicht schlecht dabei, und im Leben kann man sich nicht alles aussuchen.« Dann sinnierte er weiter: »Den Start haben wir Gott sei Dank gut hinter uns gebracht, und die Landung werden wir auch noch verkraften. Und heute abend sind wir dann in der Hafenstadt Douala. Die werde ich mit Sicherheit heute noch unsicher machen. Ich kenne da ein paar gute Clubs. Kommen Sie mit?«

Ich wollte die Frage nicht gleich beantworten, darum fragte ich Herrn Berger, warum er denn die Flüge so hasse. Meiner Meinung nach sei solch ein Flug doch die angenehmste Art zu reisen. Herr Berger holte tief Luft, nestelte erneut eine Zigarette aus der angebrochenen Packung und zündete sie sich ein wenig umständlich an, als ob er mit seinen Gedanken ganz woanders war. Doch dann redete er weiter. Nach einem längeren Gespräch kannte ich die Geschichte. Herr Berger hatte einfach Angst! Er hatte Angst, daß das Flugzeug abstürzte, er hatte Angst, daß er verkrüppelt nach Hause kommen oder getötet würde. Er hatte Angst, daß er sich mit einer nicht zu heilenden Tropenkrankheit infizieren würde, und darum brauchte er sein Bier, um diese Angst zu unterdrücken.

Nachdem Herr Berger mir von seiner Angst berichtet hatte, war ich mit dem Erzählen an der Reihe, und Herr Berger hörte mir aufmerksam zu. Er konnte nicht begreifen, daß jemand neben ihm saß, der alle seine Ängste nicht teilte. Ich konnte Herrn Berger von der Quelle meines Friedens erzählen. Ich konnte ihm davon berichten, daß ich in Gottes Händen geborgen bin. Er, der Schöpfer der Welt, hält mich, er trägt und er verläßt mich nicht. Er ist immer schon da, wo ich erst hinkomme. Ich konnte ihm von Jesus erzählen, durch den die Angst in dieser Welt keine Macht mehr über uns Menschen hat. Denn er hat diese Welt überwunden. Ich durfte davon erzählen, daß wir keine Angst mehr zu haben brauchen, wenn wir uns nur an diesen Jesus halten. Denn er ist der Herr! Das Gespräch mit Herrn Berger dauerte noch lange. Schließlich meinte er: »Ich beneide Sie um Ihren Glauben«, und dann fügte er hinzu: »Dann ist für Sie ja alles viel einfacher.« Ich mußte lachen. Jetzt hatte Herr Berger das Geheimnis verstanden. Und er hatte auch verstanden, daß der Glaube ein Geschenk ist. Wir müssen uns den Glauben nur von Herzen wünschen und dann auch zugreifen.

In Douala warteten wir aufeinander, nahmen gemeinsam ein Taxi und fuhren dann zu unserem Hotel »La Falaise«. Wir hatten unsere Zimmer auf dem gleichen Stockwerk. Nachdem wir uns frischgemacht hatten, gingen wir gemeinsam zum Abendessen. Später waren wir noch den ganzen Abend zusammen. Wir saßen am Swimmingpool, und ich konnte Herrn Berger eine ihm noch völlig neue Welt zeigen. Und eines stand fest: An diesem Abend hatte er Douala nicht mehr unsicher gemacht, und ich bin sicher, auch nicht bei seinen späteren Besuchen.

Solche umständlichen Reisen, wie mein Flug nach Brazzaville über Douala, gibt es auch heute noch überall in Afrika. Ich erinnere mich, als mir mein Reisebüro in Nairobi damals diese Route über Douala empfahl, war ich alles andere als begeistert. Aber Gott plant auch Umwege. Natürlich verliert man kostbare Zeit bei solch einer Reiseroute, aber ohne diesen Stop in Douala hätte ich Herrn Berger nicht getroffen. Und für Gott sind Menschen immer noch kostbarer als unsere Zeit und Termine.

Notlandung am Kilimandscharo

Es sollte eine Routine-Safari werden. Wir hatten einen Flug nach Tansania gebucht. Martin de Mello, ein Mitbegründer der kenianischen Missionsgesellschaft »Sight by Wings« (SBW), hatte meine Buchung telefonisch entgegengenommen. Neben seiner Anstellung als Dozent an der Universität Nairobi, war Martin auch noch Pilot und managte das Programm von SBW lange Jahre von seinem Privathaus aus. Hinter dem Namen »Sight by Wings« (Augenlicht auf Flügeln) verbirgt sich der Dienst der »Fliegenden Augenärzte in Ostafrika«. Unsere Mission hatte diesen Missionsflugdienst mitbegründet und finanzierte die zahlreichen Einsätze.

Die Streckenführung unserer »Safari« hatten wir mit dem Piloten George vorher abgesprochen. Von Nairobi sollte der Flug über den internationalen Flugplatz Kilimandscharo nach Berega gehen. Berega ist eine kleine Missionsstation in Zentral-Tansania. Nach zwei Tagen wollten wir die Strecke wieder zurückfliegen. Wir waren am Ende der Trockenzeit, hatten sonniges Wetter, der Himmel war stahlblau, die Erde braungebrannt.

Der internationale Flugplatz »Kilimandscharo-Airport« ist großzügig gebaut. Große Jets können dort landen. Allerdings landen nur wenige Fluggesellschaften auf diesem modernen Flugplatz. Die beiden Berge, Kilimandscharo und Meru, sind viel zu nahe an der Landebahn. Sicher landen können Flugzeuge nur, wenn die Sicht sehr gut ist. Bei Schlechtwetter verschwinden der Kilimandscharo und der Meru im Dunst. Dann wird jedes Landemanöver zu einem Risiko. Obwohl hier kaum Passagiere ankommen, ist der Flugplatz immer voll in Betrieb, wie eben jeder andere große Flugplatz: Der Tower, die Paßkontrolle, der Zoll und die Auslagen der »Duty-Free-Shops« geben dem sonst eher verschlafen wirkenden Neubaukoloß einen internationalen Anstrich. Der Hauptbetrieb besteht um die Mittagszeit, wenn drei oder vier einmotorige Cessnas oder Pipers, die zwischen den ostafrikanischen Ländern Kenia und Tansania hin- und herfliegen, abgefertigt werden. Nur selten verirrt sich auch einmal eine Boeing 737 der Air Tanzania auf einem Zwischenstop von Daressalam nach Mwanza am Victoriasee hierher.

Wir trafen uns morgens um halb acht Uhr am »Wilson Airport« in Nairobi, einem der größten privaten Flugplätze der Welt. Bei der Paßkontrolle und beim Zoll ging es selbst so früh schon geschäftig zu. Touristen aus Amerika und Europa umlagerten ihre Piloten und wollten letzte Informationen über die gebuchte »Safari« haben. »Executive Air«, eine ganz neue Fluggesellschaft, hatte gerade drei neue Maschinen aus den USA eingeflogen. Die waren immer noch mit einer großen N-Nummer am Leitwerk als »Amerikaner« zu erkennen. Provisorisch durften Touristikfirmen auch damit fliegen, bis die Registrierung in Kenia alle Hürden der Bürokratie genommen hatte. An der Startbahn standen etwa ein Dutzend Flugzeuge hintereinander, wie eine Autoschlange in Deutschland im Berufsverkehr, wenn eine Ampel rot zeigt. Die Piloten warteten auf ihre Starterlaubnis.

Die kenianischen Tageszeitungen »Nation« und der »Standard« berichteten heute von den vierten gesamtafrikanischen Leichtathletik-Meisterschaften in Nairobi. Kenia hatte schon elf Goldmedaillen gewonnen, die Titelseite war voll des Lobes, und man hoffte, daß der Medaillensegen noch weiter anhält. Die Beamten beim Zoll saßen, in ihre Zeitungen vertieft, vor den Schreibtischen, eine dampfende Tasse Tee neben sich. Sie wurden nur durch aufgeregte Passagiere, die eine zügigere Abfertigung wünschten, immer wieder in ihrer morgendlichen Lektüre gestört.

Unser Missionsflugzeug stand schon startbereit. Es war eine schnittige »Piper Saratoga SP II«. Die Anfangsbuchstaben der Missionsgesellschaft »SBW« und ein Kreuz waren in leuchtendroter Farbe auf das Seitenruder gemalt. Die Türen der Maschine waren weit geöffnet und luden uns ein. Ron, einer meiner amerikanischen Mitarbeiter, meine Frau und ich waren die einzigen Passagiere. George, unser Pilot, war früher bei der kenianischen Luftwaffe angestellt. Aber nach dem mißglückten Putsch im Jahre 1982 wurden alle Piloten der Luftwaffe entlassen, egal, ob sie schuldig waren oder nicht. Als Christ hatte sich George dann bei der Missionsgesellschaft beworben, und er wurde angenommen. Heute fliegt er Missionsflugzeuge anstelle von Kampfflugzeugen.

Nach der Paß- und Zollkontrolle bestiegen wir das Flugzeug. Hinter unseren Sitzen hatten wir das Gepäck verstaut. Neben dem persönlichen Gepäck für zwei Übernachtungen hatten wir auch Lebensmittel für unsere Mitarbeiter eingepackt. In Tansania gibt es in diesem Jahr kaum etwas zu kaufen. Waren, die auf dem Markt angeboten werden, sind um ein Vielfaches teurer als bei uns in Kenia. So war es nur allzu verständlich, daß unsere Geschenke später eine große Freude auslösten. Unsere Gastgeberin, eine Missionarin, die schon 26 Jahre in Tansania arbeitete, meinte später: »Butter und Käse haben wir schon seit Monaten nicht gesehen.«

Mit laufenden Motoren rollt unsere Maschine auf die Startbahnen zu und geht auf Warteposition. George ist im Funkkontakt mit dem Kontrollturm, dem »Tower«, der mit engagierten Fluglotsen besetzt ist. Er bekommt seine Anweisungen. Wir hören aus dem Lautsprecher eine verzerrte Stimme: »Five Yankee Sierra Bravo Whiskey bitte die Startbahn ›Eins Vier‹ benutzen. Der Wind kommt mit 8 Knoten aus Richtung 070, Starterlaubnis erteilt.« Sekunden später heult der Motor auf, das Flugzeug setzt sich in Bewegung, wird schneller und hebt vom Erdboden ab. Während wir höher und höher steigen, verschwindet unter uns das Flugplatzgelände. Wenig später überfliegen wir die Außenbezirke von Nairobi. Danach erleben wir den Nairobi-Tierpark aus der Luft. Wie wunderschön ist doch Afrika, wie schön die Tierwelt. Wir sehen große Herden von Zebras und Büffeln, einzelne Giraffen und viele Gazellen. Unsere Piper steigt ständig, und die Tierwelt unter uns wird langsam kleiner, bis sie nicht mehr zu erkennen ist.

Wir mußten recht plötzlich nach Berega fliegen. Eine unserer Mitarbeiterinnen hatte Probleme mit dem Hausbau. Sie lebt immer noch in einem Notquartier mit einer anderen Missionarin auf engstem Raum zusammen. Zwei erwachsene Frauen müssen sich eine kleine Wohnung teilen, die eigentlich nur für eine Person gedacht war. So hatten wir den Bau eines Mitarbeiterhauses beschlossen. Finanzgespräche waren bei unserem Besuch angesagt. Der Bischof und sein Schatzmeister wollten uns treffen. Aus der vorangegangenen Korrespondenz ging hervor, daß unsere Partnerkirche mehr Geld brauchte, als wir vorher vereinbart hatten.

Ich hatte alle Unterlagen bei mir und blätterte die gesamte Akte des Kirchenbezirks durch. Bei Bauvorhaben ist eine gute Finanzkontrolle besonders wichtig.

Wir fliegen immer weiter in Richtung Süden. Das Massai-Land zieht langsam unter uns vorbei. Soweit das Auge sehen kann, flimmert die braungebrannte Steppe in der Sonne. Die Flugzeit beträgt jetzt noch etwa neunzig Minuten. George läßt die Maschine auf 11 000 Fuß steigen, wir fliegen über den Wolken. In der Kabine wird es merklich kühler. Nach zwanzig Minuten Flugzeit sehen wir die schneebedeckte Spitze des Kilimandscharo im Sonnenschein. Obwohl ich diesen gigantischen Berg mit der glitzernden Schneekappe schon oft gesehen habe, bin ich doch immer neu von seiner Schönheit begeistert. Ich mußte an den Missionar Johann Ludwig Krapf denken, der diesen gewaltigen Berg im Inneren Afrikas als erster Europäer vor knapp 140 Jahren gesehen hat.

Missionar Krapf hatte auf der Missionsschule in Basel und in Tübingen Theologie studiert. Er kam 1837 nach Afrika. Zuerst arbeitete er in Äthiopien, von 1843 an in Kenia. Er wohnte eine Weile in Mombasa und auf der Insel Sansibar, bis er 1844 zu einer Exkursion in das Innere des Landes aufbrach. Auf dem Festland lernte er Suaheli und fing danach gleich mit der Bibelübersetzung an.

Nachdem seine Frau und seine zweite Tochter im gleichen Jahr an einer Fiebererkrankung starben, zog er alleine weiter ins Innere des Landes. Missionar Krapf war für viele Afrikaner der erste weiße Mann. In seinem Tagebuch heißt es: »Es passierte immer wieder, wenn ich in ein Dorf kam, daß Frauen und Kinder fortrannten, wenn sie mich sahen. Die Menschen fürchteten sich vor meinem Äußeren. Sie dachten, die Schuhe seien aus Eisen, die Haare sahen für sie wie Affenhaar aus, und meine Brille vor den Augen machte ihnen einfach angst.«

Dann kam der 11. Mai 1848. Im Tagebuch von Missionar Krapf heißt es: »Wir waren auf der Rückreise ins Wakambaland, als ich die Freude hatte, zum erstenmal den Kilimandscharo zu sehen. Der Berg steigt bis zu 5895 Metern

über dem Meeresspiegel auf.« Missionar Krapf, dem es nur um die Verbreitung des Evangeliums ging, ließ seinen Gedanken freien Lauf. Im Geiste sah er auf dem sanft ansteigenden Berghang schon eine blühende Missionsstation. Das kühlere Klima würde sich hervorragend für die Erholung der Europäer eignen.
(Siehe: Travels, Researches and Missionary Labours, by J.L. Krapf, Frank Cass & Co. Ltd.)

Nachdem das Flugzeug die Reisehöhe erreicht hat, vertiefen sich alle Passagiere an Bord der kleinen Maschine in die Tageszeitung. Jeder von uns hat die »Nation« und den »Standard« mitgebracht. Denn die Zeitungen sind immer ein willkommenes Gastgeschenk in Tansania. Manchmal vergleiche ich das kapitalistische Kenia und das sozialistische Tansania mit der Bundesrepublik und der ehemaligen DDR. Kenianer lachen gerne, wenn sie von der Not in Tansania hören. Dann sagen sie: »Wir wollen bei uns keinen Sozialismus haben, der ist uns zu teuer!«

Nicht nur die Missionare freuen sich über die aktuellen Neuigkeiten in den Zeitungen, auch die Zollbeamten und die Beamten der Paßkontrolle reißen sich darum. Während wir lesen, ist es angenehm ruhig in der Kabine. Diese Stille wird erst wieder durch eine krächzende Stimme aus dem Lautsprecher unterbrochen, die den Piloten nach unserer Position fragt. George stellt sofort den Kontakt zu den Fluglotsen des »Kilimandscharo Airport« her. Während er noch mit dem Tower redete, fragte Ron, mein amerikanischer Mitarbeiter, scherzhaft: »Did they already ask for the newspaper?« (»Haben die sich schon erkundigt, ob wir auch die neuesten Zeitungen bei uns haben?«) Darauf meinte George trocken: »Natürlich!« Nachdem das Gespräch mit den Fluglotsen beendet war, spann George den Faden weiter und meinte: »Ohne eine Tageszeitung geben die uns doch keine Landeerlaubnis.« Natürlich war das nur ein Scherz, und doch ist auch ein Quentchen Wahrheit an der Geschichte. Im Gegensatz zu Kenia ist in Tansania in diesen Jahren oft die Versorgung der Bevölkerung mit notwendigen Dingen des Alltags nicht gesichert. Eine neue Tageszeitung gehört zum Luxus.

George dreht eine letzte Linkskurve, dann liegt die Landebahn vom Kilimandscharo-Airport vor uns. Sie bewegt sich auf uns zu und scheint in Zeitlupengeschwindigkeit größer zu werden. Die Begrenzungslichter leuchten hell auf. Ich freue mich jedesmal, wenn ich eine gut ausgebaute Landebahn vor mir sehe. Nur allzuoft müssen unsere Missionspiloten ihre Flugzeuge auf unbeschreiblich schlechten Graspisten landen. Der Asphaltlandestreifen kommt näher, dann setzt die Maschine auf, wir sind am Kilimandscharo gelandet.

»Wo liegt denn Berega?« fragten die Beamten bei der Einreise in Tansania. Sie hatten den Namen Berega auf unserem Einreiseformular entdeckt. Ich wunderte mich zuerst über die Frage des Beamten. Aber dann sagte ich mir: Berega ist sicherlich ein unbekanntes Nest, nur die Kirchen und Missionen kennen es. Die anglikanische Kirche von Tansania kennt Berega sogar sehr gut, denn vor etwa einhundert Jahren hatten dort englische Missionare ihren Dienst begonnen. Zu der früheren Missionsstation gehören heute ein Krankenhaus und ein Waisenheim. Aber den Mittelpunkt bildet eine in Kreuzform gebaute Kirche.

Nach dem kurzen Aufenthalt am Kilimandscharo ging der Flug weiter in den Süden Tansanias nach Berega. Nach einer Viertelstunde korrigierte George den Kurs in Richtung Südosten. Von dieser Stelle aus orientierte er sich an der Überlandstraße, die sich wie ein brauner Faden durch die Landschaft zog, er orientierte sich an Bergen und Flüssen. Endlich war es soweit, wir hatten Berega erreicht. Die Ortschaft lag jetzt unter uns, aber wir hatten den Landeplatz noch nicht erreicht. Die Landepiste liegt direkt bei dem Missionsgelände, und wir wußten nur, daß die Missionsstation irgendwo weiter hinten im Busch liegt. So flogen wir tief über der Savanne dahin und suchten angestrengt den Horizont ab.

Unter uns verschwanden Rundhütten, Hügel, bestellte Felder und verbrannte Grasflächen. »Das dort hinten, das müßte Berega sein«, meinte George plötzlich und deutete mit seinem Zeigefinger weit in die Ferne. Wir konnten nur Konturen von Häusern erkennen, aber George hatte längst einen schmalen Streifen gesehen. Er war sicher, daß das der Landestreifen war. Kurz darauf erkannten auch wir Einzelheiten. Jetzt hatten wir die Kirche erreicht, der Pilot flog tief über die Missionsstation hinweg, um mit dem Motorenlärm unser Kommen anzukündigen. Wenig später sahen wir Kinder zum Landestreifen rennen. Dann löste sich ein Fahrzeug, das unter einem Akazienbaum im Schatten geparkt war, und fuhr langsam auf den Landestreifen zu. Das waren sicher unsere Gastgeber, die uns abholen wollten. Es war 11 Uhr vormittags, als wir zur Landung ansetzten.

Weil George vorher noch nie in Berega gelandet war, flog er zuerst einmal tief über den Grasstreifen hinweg, um alle Einzelheiten und Unebenheiten genau zu erkennen. Sein Kommentar war lapidar: »Der ist kurz und schlecht.« Was George nicht erkennen konnte, war eine gleich am Anfang querliegende Bodenwelle. Als wir beim zweiten Anflug aufsetzten, raste die Maschine mit voller Kraft auf diese Bodenwelle zu und hob danach noch einmal ab. Wir waren sofort wieder in der Luft. George drückte das Flugzeug gleich wieder hinunter, setzte noch einmal auf und kam gerade noch am Ende der Piste vor einer Baumgruppe zum Stehen.

In Berega gab es ein frohes Grüßen. Aber uns blieb nicht viel Zeit zur Muße, denn die Gespräche mit dem Bischof und dem Schatzmeister waren schon auf 11.30 Uhr angesetzt. Wir trafen uns im Haus des Stationsvorstehers, zwischendurch machten wir einen Besichtigungsgang durch das ganze Anwesen, um den Fortgang der Baumaßnahmen zu begutachten. Die Sitzung dauerte den ganzen Nachmittag. Es war schon dunkel, als wir einander die Hände schüttelten und uns gegenseitig verabschiedeten. Der Bischof hatte noch einen weiteren Termin in der Nachbargemeinde. »Der Flug nach Berega hat sich wirklich gelohnt«, meinte Ron. Man versteht den Partner einfach besser, wenn man sich gegenübersitzt, Briefe können kein vollständiges Bild vermitteln.

Am Abend vergingen die Stunden viel zu schnell. Wir hatten bei unserer Mitarbeiterin bis spät in die Nacht das helle Licht aus der mit Sonnenenergie gespeisten Neonröhre. Tagsüber wurde die Batterie wieder von den Sonnenstrahlen aufgeladen. Wir saßen am offenen Fenster, es hatte sich draußen ein wenig abgekühlt. In der Ferne hörten wir Trommeln. Der Wind trug die dumpfen Töne zu uns, im Dorf wurde gefeiert, es war ja Samstagabend. Ich streckte mich wohlig im Bett. Diese Trommeln erinnerten mich an die Jahre unserer Arbeit in Äthiopien. Dort hatte ich mit meiner Frau auf dem Land gelebt, weitab von der Stadt, und die Trommeln der Nachbarn über dem Berg hatten uns so manche Nacht in den Schlaf gewiegt.

In der Nacht wachte ich von einem Geräusch auf, das mich sofort an Regen erinnerte. Aber was sollte das bedeuten? Wir hatten doch immer noch Trockenzeit! Es konnte doch gar nicht regnen. Oder sollte die Regenzeit schon einen Monat verfrüht angefangen haben? Ich wollte das nicht wahrhaben, doch bald sah ich, daß der Regen gekommen war. Als ich endlich aus dem Bett gekrochen kam und aus dem Fenster schaute, sah ich, daß die ganze Erde naß war. Es nieselte immer noch, der Himmel war in grauen Dunst gehüllt. Ich fragte mich, was George wohl dazu sagen würde. Ich ging noch einmal zu Bett, aber an Schlaf war jetzt nicht mehr zu denken.

Als wir am nächsten Morgen am Frühstückstisch saßen, regnete es immer noch. »Das klärt sich auf«, meinte George optimistisch und kaute auf einer Scheibe Toast herum. »Laßt uns ein wenig warten, und dann starten wir.« Und tatsächlich, nach einer Stunde konnte man meinen, daß es heller wurde. Wir gingen zum Landestreifen, und George machte das Flugzeug startklar. Er hielt sich dabei immer ganz korrekt an die Check-Liste. Dann kam der Abschied, ein letztes Winken und schon hob sich die Piper in die Lüfte. Wir waren auf dem Rückflug in Richtung Kilimandscharo, Nairobi.

Je länger wir flogen, desto dichter wurden die Wolken, sie türmten sich in Schichten übereinander. George zog das Flugzeug höher und höher. Wir hatten bald eine Reisehöhe von 11 000 Fuß erreicht. Hoch über den Wolken zogen wir mit unserer kleinen Maschine dahin. Die Welt hier oben ist märchenhaft schön. Man empfindet ein unbeschreibliches Gefühl der Freiheit, und große Dankbarkeit kam in mir auf, daß ich solche Wunder Gottes sehen durfte.

Wir Passagiere konnten ja nicht ahnen, was unserem Piloten in der Zwischenzeit alles durch den Kopf ging, und das war gut so. Die Wolkendecke unter uns wurde immer dichter und zwang den Piloten, das Flugzeug immer weiter nach oben zu ziehen. George wich den Wolken aus und flog bald in 14 000 Fuß Höhe, was normalerweise nicht erlaubt ist, 12000 Fuß ist das Limit für Sportflugzeuge ohne Druckausgleich. Aber selbst in dieser Höhe türmten sich die Wolken immer noch übereinander in den Himmel. Wir flogen genau auf den Kilimandscharo zu. Natürlich waren wir von »dem Berg«, wie der Kilimandscharo überall in Tansania genannt wird, noch eine gute Strecke entfernt. Trotzdem: Ich konnte sehen, wie George den ganzen Himmel vor sich angestrengt absuchte. Er brauchte jetzt dringend ein Wolkenloch, durch das er wieder nach unten konnte. Aber alles Suchen schien umsonst. Während ich den weichen Wolkenteppich unter uns bewunderte, zermarterte sich der Pilot den Kopf mit der Frage: »Wie komme ich da nur wieder runter?« Auf einmal teilten sich vor uns die gewaltigen Wolken, und wir sahen einen kleinen vertikalen Ausschnitt des Kilimandscharo bedrohlich vor uns. George drehte das Flugzeug instinktiv nach Westen. Er suchte auf der linken Seite des Berges eine Möglichkeit, nach unten zu kommen. Wir waren schon viel zu lange in der Höhe von 14 000 Fuß geflogen. Ich merkte, wie sich die Situation zuspitzte. Bei uns allen wollte Angst aufkommen. Ich betete, daß Gott die Wolken auseinanderreißen möge. Jesus hatte damals doch auch dem Sturm geboten, als seine Jünger mit ihm im Boot saßen. Ich betete: »Jesus, du bist immer noch der Herr über diese Naturgewalten, hilf uns doch auch jetzt!« Endlich wurde ich ruhig, als ich mich daran erinnerte, daß unser Herr auch dort vorne vor uns ist. Er ist gerade auch dann bei uns, wenn es gefährlich aussieht. Wir sind in seinem Willen geborgen.

George hatte feuchte Hände, man merkte das deutlich. Er wischte sie ständig an seiner Hose ab. Seine Unruhe färbte auf die Passagiere ab, und ich hielt den Atem an, als wenn das etwas nützen würde. Auf einmal, ich traute meinen Augen nicht, sahen wir im Osten, hinter Arusha, die Wolkendecke steil abfallen. Das war wie ein Wunder. George reagierte sofort, zog die Maschine im Steilflug in das Wolkenloch, der Höhenmesser fing an, sich rückwärts zu drehen, wir verloren an Höhe und dankten Gott. Schon kurz darauf hatten wir wieder normalen Sichtkontakt zur Erde.

George versuchte jetzt auf dem Südkurs zum Kilimandscharo-Airport zu gelangen, aber das war aussichtslos. Der Flugplatz lag in dichten Wolken. Vom »Tower« hörten wir, daß die Sichtweite nur fünfzig Meter betrug. Daraufhin drehte George wieder ab und flog um den Berg Meru herum. Wir flogen über dem Arusha Tierpark mit den wunderschönen Seen, vielen Flamingos und wilden Tieren. Der Pilot flog mit den Wolken buchstäblich um die Wette. Eine Gewitterfront hätte uns genügt, aber wir hatten zwei Gewitter vor uns, die die Wolken wie im Wettlauf voreinander herschoben.

Eben war die Sicht in unserer Richtung noch frei gewesen, aber als wir näher kamen, schloß sich die Wolkendecke wie ein gigantischer Vorhang. Wir konnten nichts mehr sehen, nur die Landschaft unter uns. Vor uns erhob sich eine dichte Wolkenwand, und als George umkehren wollte, sahen wir auch hinter uns Wolkenberge, die jedes Durchkommen vereitelten. Rechts von uns lag der Kilimandscharo, auf der linken Seite war der Meru, und zwischen beiden Bergen lagen gefährliche kleine Hügel, deren Gipfel jetzt auch in den Wolken verschwunden waren. Es gab keinen Ausweg. George versuchte mit einer steil gezogenen Kurve die Situation besser zu überblicken, aber das half auch nicht. Wir waren durch die Wolken so eingeengt, daß er immer engere Kurven ziehen mußte, um nicht in die Gewitterfronten zu gelangen. Wir flogen so tief über den Seen, daß wir das schwefelhaltige Wasser riechen konnten. Für die Schönheit der Flamingos, die zu Hunderten am Wasserrand umherstolzierten, hatten wir keinen Blick mehr übrig.

Wieder half Gott uns unvermittelt aus dieser aussichtslos scheinenden Lage. Die Wolken teilten sich auf einmal vor uns und wir sahen die weite Savanne vor uns liegen. George redete ständig mit dem »Tower« des Kilimandscharo-Airport und versuchte, den Beamten unsere Situation klarzumachen. Wir schafften es einfach nicht mehr, uns nach den regulären Ausreiseformalitäten in Tansania zu richten. Wir waren jetzt auf der Nordseite des Berges, und der Flugplatz war in Wolken gehüllt. Es dauerte eine Weile, bis man uns erlaubte, nach Kenia weiterzufliegen. Die Ausreiseformalitäten sollten wir in Nairobi bei der Botschaft Tansanias nachtragen lassen. Als George uns diese Nachricht überbrachte, sahen wir uns in Gedanken schon in Nairobi. Wir waren in einer Hochstimmung, aber ein Blick aus dem Fenster zeigte uns, daß die Gefahr nicht vorbei war. Die Wolken über und um uns glichen immer noch einer gigantischen Gebirgslandschaft. Gott sei Dank war die Sicht nach unten gut. So konnten wir uns anhand einer Straßenkarte orientieren, in der auch die Tierreservate von Kenia eingetragen waren.

»Welcome back in Kenia«, rief George uns zu, als er sich vom »Tower« des Kilimandscharo-Airport abgemeldet hatte und wir die Staatsgrenze überflogen hatten. Endlich sahen wir wieder heimatlichen, sprich kenianischen Boden unter uns. Wir waren überglücklich. Was sollte uns jetzt noch geschehen? Aber unser Pilot schien sich nicht allzusehr zu freuen. Er wirkte eher besorgt, drehte sich nach einer Weile zu uns um und meinte: »Wir haben praktisch kein Flugbenzin mehr. Wir müssen unbedingt versuchen, eine Safari-Lodge zu erreichen. Auf der Strecke nach Nairobi liegt die Amboselli Safari Lodge. Wenn wir den Landestreifen von der Lodge nicht erreichen, müssen wir im Amboselli-Tierreservat notlanden«. George rechnete hastig. Die Amboselli Safari Lodge lag nur noch fünfzehn Flugminuten von uns entfernt, aber fünfzehn Minuten können eine lange Zeit sein. Die Minuten verstrichen viel zu langsam, sie kamen uns wie Stunden vor. Immer wieder schauten wir auf die Benzinuhr und hörten auf das Motorengeräusch. Wir erwarteten jeden Moment das Stottern des Motors, der Pilot suchte fieberhaft den Horizont ab. Dann entdeckten Ron und George beinahe gleichzeitig den Landestreifen des Wildpark-Hotels. Der Landeanflug begann sofort. Wir dankten Gott in unseren Herzen. Jetzt dauerte es nur noch wenige Minuten, bis unsere Maschine auf die Landebahn einschwenkte, der Kurs wurde noch einmal korrigiert, und dann setzte George die Maschine sicher auf der Rollbahn auf. Als das Flugzeug am Ende des Landestreifens ausrollte, hatten wir buchstäblich den letzten Tropfen Benzin verbraucht. »Praise the Lord« (Preist den Herrn), sagte George und wischte sich seine Hände noch einmal an der Hose ab. Damit hatte er uns aus der Seele gesprochen.

Diese kleinen Landestreifen in den Tierreservaten gehören den jeweiligen Hotels. Die Pisten sind meist viele Kilometer von der Lodge entfernt, um die Ruhe der Hotels nicht durch den Fluglärm zu beeinträchtigen. Normalerweise sind sie viele Stunden lang verlassen und menschenleer. Manchmal dauert es Tage, bis die

Kleinbusse der Hotels kommen, um Touristen abzuholen oder um sie zu einem startenden Flugzeug zu bringen. Aber Gott hatte vorgesorgt: Als wir das Flugzeug abstellten, sahen wir einen Touristenbus von der »Private Safaris – Zürich – Mombasa« direkt auf uns zukommen. Der Fahrer wollte Passagiere aus Nairobi abholen, die in etwa zwanzig Minuten landen sollten. Der Fahrer schaute kurz auf seine Uhr, machte eine entsprechende Kopfbewegung, die soviel hieß wie »einsteigen« und nahm uns mit zu der »Safari-Lodge«. Damit hatte er sich ein extra Trinkgeld verdient. Wir saßen in dem Kleinbus und schauten uns an, wir konnten es immer noch nicht fassen, daß wir gerettet waren. Wieder einmal zeigte sich Gottes Maßarbeit. Dafür wollten wir ihn loben und ihm danken!

Die Erde hatte uns wieder, aber wir waren mitten in der Savanne. Wohl stand unser Flugzeug auf einer kleinen Piste, aber wir waren immer noch meilenweit von jeder Zivilisation entfernt, wir hatten kein Benzin mehr im Tank, und Nairobi war weit. Es war Samstag, und alle Büros waren geschlossen. Endlich gelang es uns, telefonisch Kontakt mit dem Flugplatz in Nairobi herzustellen. Man versprach, einen unserer Kollegen damit zu beauftragen, Benzinkanister zu uns zu transportieren. In der Zwischenzeit hatten wir Gelegenheit, ein Mittagessen einzunehmen. Dort trafen wir auf eine Gruppe amerikanischer Touristen, die sich mit Khaki-Kleidung zünftig auf Kenia eingestellt hatten. In dieser »Safari-Kleidung« kamen sie zum Mittagessen. Viele von ihnen hatten den Film »Jenseits von Afrika« gesehen und wollten auf den Spuren der Karen Blixen reisen. Das kleine »Karen-Blixen-Museum« in Nairobi konnte sich vor Besuchern nicht retten.

Inzwischen war es vier Uhr am Nachmittag. Wir saßen immer noch am Funk und hörten, daß ein befreundeter Pilot uns das Benzin bringen wollte. Wir berechneten die Zeit: Der Flug dauerte gut eine Stunde. Wenn das Flugzeug um fünf Uhr nachmittags ankommen sollte, mußten wir uns anschließend sehr beeilen, denn bis sieben Uhr abends, also vor Dunkelheit, müssen alle leichten einmotorigen Flugzeuge in Nairobi auf dem Boden sein. So lauten die Bestimmungen.

Der Busfahrer nahm uns wieder zum Landestreifen mit. Wir warteten neben dem Flugzeug, um das Benzin sofort umladen zu können, wenn der Kollege mit seiner Maschine ankam. Dabei beobachteten wir in der Ferne einen Elefanten und kleine Gazellen. Weiter entfernt zogen Geier ihre Kreise. Das war ein sicheres Zeichen dafür, daß ein Löwe Beute gerissen hatte. Wahrscheinlich war das schon am Morgen geschehen, und nun rissen sich die Vögel um den Leckerbissen. George saß im Flugzeug bei offener Türe und redete mit Kenneth, dem Piloten der anderen Maschine. Wir hörten Wortfetzen: »Habt ihr etwas zu essen?« fragte Kenneth als erstes. »Ich bin seit dem Frühstück ununterbrochen geflogen.« George grinste. Essen hatten wir keines, aber Kenneth würde schon nicht verhungern. Kenneth bestätigte, daß er in wenigen Minuten bei uns sein wolle. Er wollte die Landelichter am Flugzeug zeitig anschalten, damit wir ihn besser am grauen Himmel erkennen. Kenneth ist auch ein Missionspilot.

Dann war es soweit, wir sahen die Landelichter des Flugzeuges, und bald darauf parkte die Zwillingsmaschine der Missionsgesellschaft neben uns. An Bord waren zehn Kanister Flugbenzin. Das Auftanken dauerte nicht lange, alle halfen mit. Wie dankbar waren wir den Missionspiloten, die täglich überall auf der Welt ihren gefährlichen Dienst ausüben. Ohne den Dienst dieser Piloten könnten viele Arbeiten im afrikanischen Busch nicht getan werden.

Es machte uns gar nichts aus, daß niemand am Flugplatz in Nairobi auf uns wartete. Wir waren ja längst überfällig. Unser Fahrer hatte uns um elf Uhr vormittags erwartet, und jetzt war es kurz vor sieben Uhr am Abend. Wir machten uns zu Fuß auf den Weg zum »Dumbuster Club« am Wilson-Airport. Im Dumbuster Club trafen sich die Piloten nach Dienstschluß. Dort gab es ein Telefon. Mein Kollege wollte daheim anrufen, damit man uns abholte. Aber im Club hörten wir, daß unser Fahrer den ganzen Tag über treu auf einen Anruf gewartet hatte, und er wartete immer noch auf uns draußen im Auto.

Am Abend waren wir zum Essen bei Freunden eingeladen und freuten uns über diese Einladung. Wir waren viel unterwegs und wollten uns austauschen. Bill und DeLois lauschten gespannt der Geschichte, wie Gott uns bewahrt hatte. Mir fiel auf, daß Bill immer wieder wie zustimmend mit dem Kopf nickte. Dann berichtete er: »Ich suchte nach einem Bibelwort für unsern heutigen

Abend. Wir wissen ja, daß ihr viel unterwegs seid, und darum beteten wir für euch. Dabei wurde ich an den Psalm 107 erinnert. Der Psalm ist gerade richtig für euch Weltenbummler:

> Die dann zum Herrn schrien in ihrer Not, und er half ihnen aus ihren Ängsten. Die sollen dem Herrn danken für seine Güte und für seine Wunder, die er an den Menschenkindern tut, und ihn in der Gemeinde preisen.«

Eine Kamelkarawane zieht vorbei

In der Schalterhalle der Standard-Bank in Nairobi ist Hochbetrieb, es ist Freitag und Zahltag. An den Schaltern der Girokonten warten Kunden geduldig in langen Schlangen. In der Devisenabteilung ist es etwas ruhiger. Ich brauche dringend Reiseschecks für meine Reise nach Somalia und setze mich vor einen noch unbesetzten Schalter und warte. Ich warte, bis der Schalter vor mir besetzt wird. Es ist zehn Uhr vormittags. Man erklärt mir, daß die Wechselkurse von der Nationalbank erst zwischen 10.30 Uhr und 11.30 Uhr durchgegeben würden. Alle Hetze sei überflüssig. »Bitte warten Sie«, wird mir mitgeteilt. Wie will man da Geschäfte machen, geht es mir durch den Kopf! Eine Dreiviertelstunde vergeht. Ich beobachte, wie die Bankangestellten ihr tägliches Geschäft abwickeln. Eine Frau ist nur dafür eingestellt, für die Angestellten Tee zu bereiten. Sie geht von einem Schalter zum anderen und schenkt Tee aus. Um überhaupt mit Schecks vom eigenen Konto abheben zu können, muß der Kunde seinen Reisepaß und einen gültigen Flugschein mitbringen. Devisen bekommt man nur, wenn man rechtmäßig ins Ausland verreisen will. Zur Sicherheit und Kontrolle werden die Reiseschecks und die Summe des Bargeldes auf dem Flugschein eingetragen. Endlich ist die Wartezeit vorüber, die Tageskurse sind bekannt, und eine Angestellte bedient mich. Ihrem Namensschild zu entnehmen, kommt sie vom Stamm der Kikuyus. Frau Kinuthia blättert interessiert in meinem Reisepaß. Der ist nahezu vollgestempelt mit Einreisebewilligungen in die verschiedensten Länder Afrikas. Das ist interessant. Danach blättert sie den Flugschein durch.

»Sie wollen also nach Somalia?« Frau Kinuthia versucht mit mir ein Gespräch anzufangen, während sie die Reiseschecks einem letzten Arbeitsgang unterzieht. Auf die Rückseite wird ein Stempel gedrückt. Darauf steht: »Diese Reiseschecks sind überall auf der Welt gültig, nur nicht in der Republik Süd-Afrika.« Ich erinnere mich daran, daß dieser Stempel vor einigen Monaten einmal verloren war. Damals mußten alle Mitarbeiter der Bank helfen, den Text mit einem Kugelschreiber auf die Rückseite von jedem einzelnen Reisescheck zu schreiben. Das war eine langwierige Prozedur. Heute geht es etwas schneller. Mit diesem Stempel kämpft Kenia gegen das Apartheid-Regime in Südafrika. Das kostet kein Geld, wird aber von den übrigen Staaten in Schwarzafrika als Zeichen guten Willens gewertet.

»Nach Somalia wollen Sie also«, werde ich noch einmal gefragt. »Ja, da will ich hin«, gebe ich zur Antwort. Ich bin heute nicht zum Reden aufgelegt. Im Büro wartet viel Arbeit, und hier sitze ich nur herum und warte buchstäblich stundenlang. »Aber da ist es doch sehr heiß«, fängt Frau Kinuthia das Gespräch von neuem an, ohne von ihrer Stempelei aufzublicken. Ich bestätige ihr, daß das richtig ist. Während Frau Kinuthia weiterstempelt, gehen meine Gedanken zurück zu meiner ersten Reise nach Somalia, die mir für immer unvergeßlich bleiben wird:

Wir wollten die Flüchtlingslager im Westen von Mogadischu besuchen, dort an der Grenze zu Äthiopien. Der jahrelange Bürgerkrieg in der Ogaden-Region hatte unendliches Leid über diese Menschen gebracht, sie flüchteten über die Grenze nach Somalia. Wir wollten nach Lugh. Dort waren die großen Auffanglager, die von den verschiedensten Hilfsorganisationen betreut wurden. Lager, das war ein vornehmer Name für die Ansammlungen von Lumpenhütten, hergestellt aus Ästen und Stoffetzen. Die Menschen in den Lagern hungerten, sie verhungerten zu Hunderten, zu Tausenden. Die Welt hat sich an die Schreckensbilder gewöhnt und sieht zu. Lugh liegt am Uebi-Giuba-Fluß, so nennen ihn die Somalis, andere nennen ihn einfach Jubba-Fluß. Es ist eine elende Gegend, man muß viel schwitzen. Dagegen wirkt sogar Mogadischu kühl. Dort weht immer ein Wind vom Indischen Ozean.

Wir freuten uns auf den Besuch in den Flüchtlingslagern in Lugh, nicht nur, weil wir dort helfen können, sondern auch, weil viele der Flüchtlinge Omoros sind. Wir können mit ihnen in ihrer Muttersprache reden. Täglich kommen Hunderte, oft Tausende der Verfolgten über die Grenze. Die Lager platzen aus allen Nähten. Die Hilfsorganisationen kommen kaum nach mit der Hilfe. Mir fällt auf, daß meistens nur Frauen, Kinder und alte Männer in den Lagern wohnen. Die jungen Männer sind entweder im Krieg, oder sie sind schon im Krieg gefallen. Lugh liegt direkt im Dreiländereck: Kenia, Äthiopien und Somalia. Obwohl Somalia mit Äthiopien einen unerbittlichen Krieg führte, ist diese Gegend auch für Kenia politisch hoch brisant. Man nennt die Somalis in Kenia »die Schiftas«, was soviel wie Räuber bedeutet. Vor Jahren hatte die somalische Regierung eine Landkarte veröffentlicht, auf der ein »Groß-Somalia« zu sehen war. In die Grenzen von Groß-Somalia gehören neben dem Ogaden, der zu Äthiopien gehört, auch Teile vom nordöstlichen Kenia. So ist es nur allzu verständlich, daß kenianische Truppen die Grenze im Nordosten sehr genau beobachten. Dazu dient der gutfunktionierende Militärflugplatz in Wajir. Der ist rund um die Uhr besetzt.

Eine befreundete Missionsgesellschaft in Nairobi bot sich an, unser ganzes Team nach Mogadischu zu fliegen. Wir hatten gehört, daß die somalische Fluggesellschaft in Geldnöten ist und keine regelmäßigen Flüge mehr garantiert. Einen Flugplan gab es auch nicht mehr. Darum war jeder gut beraten, mit einer privaten Fluggesellschaft nach Mogadischu zu fliegen. Wir wollten uns mit Regierungsvertretern treffen, um einen landesweiten Augenrettungsdienst einzurichten. Eine amerikanische Hilfsorganisation in Mogadischu war unsere Anlaufstelle. Diese Freunde hatten uns ihr Büro und ihre Fahrzeuge angeboten.

Mike, der uns schon oft zu verschiedenen Einsätzen in Ostafrika geflogen hatte, wollte uns auch heute fliegen: Nairobi – Mogadischu. Der Flug war unvergeßlich schön. Wir hatten sonniges Wetter, und kurz nach dem Start konnten wir rechts den Gipfel des Kilimandscharo und links den Gipfel des Mount Kenya sehen. Hell glänzten die schneebedeckten Kuppen der Bergriesen. Es ist Montag. Wir waren um 10 Uhr am Wilson-Aiport in Nairobi gestartet. Nach vier Stunden Flug kommen wir in Mogadischu an. Der Flugplatz liegt direkt am Indischen Ozean. Von dort kommt ein warmer Wind. Heute wirkt der Flugplatz wie ausgestorben. Wir können das nicht fassen. Niemand will etwas von uns. Kein einziger Beamter ist zu sehen. Es gibt keine Zoll- und auch keine Paßkontrolle. Nur der Tower ist besetzt. Die Fluglotsen hatten uns die Landeerlaubnis erteilt. Wozu hatten wir uns nur eine Einreisebewilligung besorgt? Auf dem Rollfeld sehen wir einen hellblauen amerikanischen Geländewagen. Es war ein »Chevrolet Blazer«, ein schönes Auto. Mike parkt die Maschine rechts vom

Tower, damit die uns sehen können. Aber auf dem weiten Rollfeld ist viel Platz, wir sind heute die einzigen Besucher.

Als wir vom Flugzeug auf die Landebahn traten, mußte ich daran denken, daß vor Jahren die Lufthansa-Maschine »Landshut« hierher entführt wurde. Die Luftpiraten hatten das Flugzeug in ihre Gewalt gebracht. Geiseln sollten erschossen werden. Man wollte die Freilassung des Terroristen Bader aus dem Gefängnis Stammheim erzwingen. Aber die Entführung endete unblutig für die Passagiere. Eine Einheit der deutschen GSG 9 hatte damals die Geiseln befreit. Die Bilder gingen um die ganze Welt.

Nachdem wir aus der Maschine geklettert waren und unsere sieben Sachen um uns gestapelt hatten, kam Phil aus dem Chevrolet auf uns zu und begrüßte uns. Er war das Empfangskomitee. Phil kommt aus einer alten Missionarsfamilie. Seine Eltern waren vor dem äthiopisch-somalischen Krieg, der 1978 mit einem Sieg für Äthiopien zu Ende ging, mit einer amerikanischen Mennoniten-Mission im Ogaden tätig. Die Eltern von Phil waren längst im Ruhestand, aber die Not »ihrer Omoros« hatte sie wieder hergebracht. Jetzt arbeiten sie in den Flüchtlingslagern. Phil war ein typischer Amerikaner. Groß, lässig, die Hände in den Hosentaschen, begrüßte er uns: »Hi fellows – guess you had a good flight.« Danach schüttelten wir uns völlig unamerikanisch die Hände.

Wir staunten nicht schlecht, als wir in dem Auto Platz genommen hatten. Der Wagen hatte eine Klimaanlage. Das war bei dieser Hitze natürlich sehr angenehm. Ich beobachtete, wie Phil überall nur auf Knöpfe zu drücken brauchte. Elektrische Fensterheber, ein kleiner Kühlschrank, der Wagen hatte einfach alles, was man sich nur an technischem Schnickschnack vorstellen konnte. Der Motor schnurrte leise, wegen der geschlossenen Fenster hörte man ihn kaum. Phil fuhr uns zum Hotel Jubba, einem riesigen Bauwerk mit einem großen Eingang. Die Zimmer sahen genauso aus, wie in allen Hotels überall auf der Welt, nur nicht so sauber. Durch die ständige Hitze hatte das Personal nicht die rechte Schaffensfreude. Wir merkten das am Laken im Bett und besonders auch im Bad. Da könnte man den Dreck von der Wand kratzen, und Wasser gab es zum Empfang auch nicht, erst später am Abend. Auch in den kommenden Tagen hatten wir immer nur ein paar Stunden am Tag fließendes Wasser. Man mußte sich einrichten. Zum Abendessen trafen wir uns im Speisesaal. Wir wählten ein Omelett mit Bratkartoffeln und waren erstaunt, wie schnell die Kellner uns bedienten. Solch fixe Kellner hatte ich bis jetzt nur in Äthiopien erlebt. Den Abend verbrachten wir mit Gesprächen, gingen aber bald zu Bett, weil wir am nächsten Tag schon früh nach Lugh aufbrechen wollten. Die Gespräche mit der Regierung hatten wir auf die letzten Tage unseres Besuches gelegt. Wir wollten uns zuerst genau informieren. Wir schliefen gut, es gab gerade keine Moskitos. Das Fenster war weit offen, und der frische Wind vom Meer kühlte angenehm. Der Lärm der Straße störte uns nicht. In Mogadischu ging das Leben, genau wie in Khartum, Kairo und anderen arabischen Städten, erst am Abend richtig los.

Am nächsten Morgen standen wir schon vor sieben Uhr startbereit vor dem Hotel und warteten auf Phil. Der wollte noch drei freiwillige Helfer aus Kanada und Holland mit ins Lager nehmen. Damit war der Wagen gut ausgelastet. Ich hatte ausgerechnet, daß die Entfernung von Mogadischu bis Lugh knapp 500 Kilometer beträgt. Die Strecke ist an einem Tag zu schaffen, wenn man die Straßen und Wege kennt. Ich wußte, daß Phil die Strecke beinahe jede Woche einmal fährt. Phil kam endlich um halb acht. Er hatte noch Benzin tanken wollen, aber die meisten Tankstellen waren geschlossen. Es gab wieder einmal kein Benzin. »Wie lange wird die Fahrt dauern?« fragte ich, nachdem wir die Straße nach Afgoi und Baidoa erreicht hatten. »Das hängt natürlich von den Pannen ab«, meinte Phil und rechnete dann laut vor sich hin: »Vier Stunden sind das Minimum bis Baidoa. Auf dieser Strecke gibt es viele Schlaglöcher mit Teerstraße.« Dann lachte er: »Ihr habt schon richtig gehört. Nicht Teerstraße mit Schlaglöchern. Gerade umgekehrt. Ihr werdet das bald verstehen. Nach Baidoa kommen noch etwa fünf Stunden Wüstenpiste dazu. Der Name Schotterstraße wäre zu sehr geschmeichelt. Also, wenn alles gutgeht, sind wir heute abend um sechs Uhr in Lugh.«

Nach 45 Minuten durchfuhren wir Afgoi. Damals war dies für uns noch ein unbekannter, unbedeutender Name wie all die anderen Ortsnamen in Somalia. Ich ahnte damals noch nicht, daß hier einmal das Zentrum unserer Missionsarbeit in Somalia sein würde. Schon ein Jahr später hatten wir in Zusammenarbeit mit der Regierung eine Augenklinik aufgebaut. Alte Gebäude und eine halbverfallene Klinik waren vorhanden. Ein internationales Mitarbeiterteam arbeitete hier Hand in Hand. Das Ziel war ein landesweites Augenlicht-Rettungsprogramm. Die Arbeit war von der Regierung genehmigt und im Detail abgesprochen. Somalia brauchte dringend Hilfe. Es gab viele blinde und augenkranke Menschen. Die lebten nicht nur in den Lagern. Professor Simon, ein Facharzt für Augenkrankheiten aus Holland, leitete das Team. In den kommenden Jahren wurden nicht nur die Patienten in den Lagern und im Krankenhaus behandelt, sondern auch Augenärzte und Augenkrankenpfleger ausgebildet.

> Unvergessen bleibt für uns ein Besuch in Afgoi in der Trockenzeit. Wir waren in Professor Simons Haus zum Essen eingeladen. Nach dem Essen gingen wir in den Garten. Dieser bestand damals nur aus Sand und Steinen. Simon und seine Frau hatten der Wüste noch nicht allzuviel Land abtrotzen können. Dort im Garten spielte er für uns auf seiner Geige Violinstücke von Bach. Wir waren mitten im Busch in einer anderen Welt.

An diesem Tag fuhren wir nur durch Afgoi hindurch. Wir waren auf dem Weg in die Flüchtlingslager. Die Straße war schlecht und wurde immer schlechter. Der schwere Wagen hüpfte und holperte über die Schlaglöcher. Die Federung war gut. Phil hatte die Fenster geschlossen, die Klimaanlage summte leise. Die Stunden vergingen. Die Mittagssonne brannte auf das Auto, wir merkten nichts davon. Ich mußte daran denken, wie ich früher in Äthiopien mit dem Schullandrover bis zu vierzehn Stunden über Schotter, Sand und Staub gefahren bin. Nach solch einer Reise waren unsere Haare vom Staub und Schweiß total verklebt. Ohne Dusche wurde man nicht mehr sauber. Phil bot uns gut gekühltes Coca-Cola aus der Autokühlbox an. Das tat gut. Wir kamen zügig voran. Nach genau vier Stunden und 10 Minuten kamen wir in Baidoa an. Jetzt lag die Wüstenpiste vor uns.

Die Landschaft hatte sich nicht verändert. Wir waren auch die letzten Kilometer schon durch eine wüste Gegend gefahren. Aber wir fühlten uns durch die, wenn auch hundsmiserable, Teerstraße irgendwie mit der Zivilisation verbunden. Das war der große Unterschied. Jetzt gab es keinen sichtbaren Weg mehr. Um so erstaunlicher war es, wie sicher Phil seinen Weg fand. Dornenbüsche, Steinhaufen und Sand, das war alles, was wir sahen, dazu die Sonne, die uns blendete. Es schien, als ob wir ohne Orientierung querfeldein fuhren. Aber die Dornbüsche und Steinhaufen waren für Phil Wegweiser genug. Er kannte den Weg. Manchmal konnten wir Spuren im Sand sehen. Wir fuhren ziemlich genau in Richtung Nord-West. Der Kilometerzähler drehte sich langsam und zählte unbestechlich die gefahrene Strecke. Phil wirkte gelöst und zuversichtlich und meinte, daß wir noch gut vor Dunkelheit in Lugh eintreffen würden.

Etwa 60 km vor Lugh bockte der Wagen und wollte nicht mehr richtig ziehen. Phil schaltete alle elektrischen Geräte ab. Wir merkten schnell den Unterschied, der Wagen fuhr jetzt sichtlich besser, aber es wurde auch erbarmungslos heiß. Als Phil die Fenster öffnen wollte, funktionierte die Öffnungsautomatik nicht mehr. Er drehte sich zu uns nach hinten und meinte grinsend: »Jetzt wird's schön warm!« Und wie recht er hatte! Einer der Helfer für das Lager, ein Holländer, wußte sich zu helfen. Er öffnete die Vordertüre ein wenig und stellte seinen Fuß dazwischen. Die Zugluft tat gut. In Lugh würden wir Gelegenheit haben, die Fehler zu beheben. Im Lager war ein holländischer Automechaniker, dem wollte Phil den Wagen den ganzen Tag lang anvertrauen, während wir uns mit den Mitarbeitern zu Gesprächen trafen.

Die Panne hatte doch mehr Zeit verbraucht, als wir geplant hatten, aber wir trafen gerade noch rechtzeitig vor Anbruch der Dunkelheit in Lugh ein. Es gab ein riesiges Hallo! Die Freude ist immer groß, wenn Besucher kommen. Das Abendessen wurde unter freiem Himmel eingenommen. In dem heißen Lugh spielt sich das meiste Leben vor den Hütten und Zelten ab. Für die Mitarbeiter der Hilfsorganisationen hatten die Organisatoren ein

Zeltdorf erstellt. Das »Dorf der Helfer« war noch im Aufbau. Aber es gab schon ein Küchenzelt und Schlafzelte. Dazu eine Trockentoilette und einen Waschplatz.

Im Wagen des Lagerleiters fuhren wir durch verschiedene Flüchtlingslager, informierten uns über den Stand der Hungerhilfe, über notwendige Verbesserungen, und wir halfen hier und da beim Übersetzen. Viele junge Helfer aus Europa und Amerika hatten sich durch die Berichterstattung über das Flüchtlingselend und die Hungersnot spontan zur Mithilfe gemeldet. Der Leiter des Lagers führte uns umher. Zuerst erklärte er uns die Lage und Gliederung des Lagers, das wir in Zukunft unterstützen sollten. In den Essenverteilzentren herrschte ein riesiger Andrang. Diese Bilder sind aus dem Fernsehen bekannt. Die Kliniken beeindruckten uns. Ärzte und medizinisches Fachpersonal arbeiteten unter ganz primitiven Bedingungen. Wir konnten nur staunen. Die Einzelschicksale erschüttern uns am meisten. Familien waren auseinandergerissen, Kinder gestorben oder verhungert, Väter im Krieg gefallen. So sind die Lagerinsassen meist Frauen, alte Menschen und Kinder. Die Not ist so groß und unübersehbar, daß man mutlos werden möchte. Wohl arbeiten viele Hilfsorganisationen hier Hand in Hand, aber die Hilfe erscheint mir wie der Tropfen auf einen heißen Stein. Ich fragte mich: Wann werden wir in der Lage sein, diese Not zu beheben, wann werden wir entscheidend helfen?

Phil hatte sich den ganzen Morgen zusammen mit dem Mechaniker um das Auto gekümmert. »Jetzt ist alles wieder o. k.«, versicherte man uns. Aber da sei trotzdem immer noch ein Problem: Man habe nicht genügend Benzin für uns. Aber die Menge müßte eigentlich gerade noch bis Mogadischu reichen. Ich hatte nicht den geringsten Zweifel, daß das Benzin reicht, und so freute ich mich schon auf die Rückfahrt. Morgen früh sollte es weitergehen. Vor dem Schlafengehen beobachteten wir kleine Somali-Kinder, die mit Skorpionen ein Wettrennen veranstalteten. An dem Schwanz mit dem giftigen Dorn hatten sie eine Schnur befestigt, und dann ließen sie ihre Skorpione laufen, bei dem Rennen gaben sie soviel Schnur wie nötig. Mir war nicht ganz wohl bei der Sache. Ich war wohl schon oft in Gegenden gewesen, wo es Skorpione gibt, aber dort ging man den Tieren eher aus dem Weg und spielte nicht mit ihnen. Wir schliefen einigermaßen in unserem Zelt, wachten wohl immer wieder auf, weil es einfach zu heiß war. Spätestens um 7 Uhr wollten wir das Lager wieder verlassen.

Als wir vor das Zelt traten, stand unser Auto schon gepackt und reisefertig neben dem Tor. Wir nahmen ein kleines Frühstück ein, tranken ein paar Tassen Pulverkaffee und frisch gebackene Maisbrote. Kurz vor 7 Uhr rollte der schwere Wagen aus dem Lager. Phil hatte wieder drei Mitarbeiter mitgenommen, die im Gemeinschaftshaus in Mogadischu einige Tage Urlaub machen wollten.

Wir wußten, daß wir nicht allzuviel Benzin hatten, darum fuhr Phil langsam und niemals hochtourig. Er wollte den Benzinverbrauch so niedrig wie möglich halten. Die Fahrt ging zügig voran, der schwere Wagen fraß einen Kilometer nach dem andern. Wir vergaßen schon, daß wir unter Umständen mit Schwierigkeiten rechnen mußten. Als wir den größten Teil der Strecke schon hinter uns hatten, wurde der Motor merklich schwächer. Wir hielten an und beugten uns über den Motor. Den Fehler hatten wir schnell ausgemacht: Die Lichtmaschine war kaputt, und wir verbrauchten mit der Klimaanlage und all den elektrischen Extras zuviel Strom. Die defekte Lichtmaschine bedeutete, daß wir jetzt keinen Strom mehr erzeugen konnten und daß uns der Strom der Batterie genügen mußte. Wenn die Batterie einmal leer ist, bleibt der Wagen stehen! Jetzt war guter Rat teuer. Einerseits wollte Phil nun so schnell wie möglich fahren, damit wir möglichst viele Kilometer mit dem Batteriestrom fahren konnten, anderseits sollte er so langsam wie möglich fahren, damit das Benzin möglichst lange reicht. Wir konnten es uns ausrechnen, wir würden in jedem Fall auf der Strecke bleiben! Dieser Gedanke ging mir durch den Kopf. Entweder haben wir bald kein Benzin mehr, oder die Batterie ist leer, ehe wir die Stadt erreichen. Die Möglichkeit, heute noch Mogadischu zu erreichen, war über die Maßen gering!

Phil fuhr jetzt so langsam und gleichzeitig so schnell wie möglich, und wir horchten alle gespannt auf den Klang des Motors. Jedes ungewohnte Geräusch ließ uns den Atem anhalten. Wohl waren wir längst auf der sogenannten Teerstraße, aber rings um uns war nichts als Wüste zu sehen. Dann kam es, wie es kommen mußte, der Wagen wurde auf einmal langsamer, Phil konnte das Gaspedal durchdrücken, wie er wollte, der Wagen rollte aus. Wir konnten das Schicksal nicht aufhalten. Im Leerlauf schafften wir noch wenige hundert Meter einen Hügel hinunter, dann blieb der Wagen endgültig rechts am Straßenrand stehen. Inzwischen war es früher Nachmittag geworden. Die Sonne stand wenig über dem Zenit. Um uns war kein Schatten. Rechts und links wuchsen Dornbüsche. Hinter den Dornbüschen sah ich einen kleinen Pfad. Der verlief genau parallel zur Straße. Wir waren ratlos.

Der Wagen spendete auf der linken Seite etwas Schatten. Natürlich bestand für uns keine direkte Gefahr, aber die Lage war durchaus brenzlig. Überall waren die »Schiftas«. Räuberbanden durchzogen das Land. Und die Frage blieb offen: Wie sollten wir weiterkommen? Vor uns lagen bestimmt noch 30 Kilometer bis nach Mogadischu. Während wir uns überlegten, wie wir uns verhalten sollten, hörten wir auf einmal Stimmen. Wir drehten uns um und sahen gar nicht mehr weit entfernt von uns eine Kamelkarawane, die genau auf uns zukam. Während Phil immer noch vor dem Auto hockte, fing ich an zu zählen: neun, zehn, elf – ich zählte zwölf Kamele. Nur auf zwei Kamelen saßen Somalis. Die anderen Kamele trugen Lasten. Majestätisch schritten die Tiere auf dem Pfad rechts von uns. Kinder liefen nebenher, sprangen um die Dornbüsche herum und schauten neugierig zu uns herüber. Nicht überall gibt es so viele Weiße zu bestaunen. Als sie uns entdeckt hatten, riefen sie mit lachenden Gesichtern: »Gal, Gal!« Das bedeutet soviel wie Heide. Die Kinder wußten, daß die meisten weißen Menschen Christen sind. Für einen gläubigen Muslim sind die Christen einfach Heiden. So hatte uns bisher auch noch niemand genannt, ging es mir durch den Kopf. Als die Kamele hinter den Dornbüschen verschwanden, schaute ich ihnen mit einer gewissen Traurigkeit nach. In Gedanken sagte ich vor mich hin: Da funktioniert einfach alles. Da gibt es keine Technik. Die Situation der Großfamilie ist intakt, man zog immer nur eine Tagesstrecke weiter. Plötzlich fühlte ich mich wirklich wie ein Ausländer. Wir waren mit all unserer Technik in eine fremde Kultur eingedrungen. Und die Technik, auf die wir sonst so stolz sind, paßte hier einfach nicht her. Kamele waren hier besser als die teuren Autos! Tee war besser als eisgekühlte Coca-Cola, und ein Baumwollumhang schützt immer noch besser vor der Hitze als die beste Klimaanlage.

Mit der Zeit wurde unsere Situation immer ungemütlicher, und wir zermarterten uns das Hirn, was wohl zu tun sei. Wasser und Tee hatten wir zwar zur Genüge, aber wir mußten doch irgendwie nach Mogadischu kommen. Wir wollten nicht hier draußen kampieren! Eine Nacht hier alleine auf der Landstraße, das war nicht zu empfehlen. Es gab zu viele Gesetzlose im Land, die mit Gewehren ihr Recht suchten. Somalia ist ein militärisch hochgerüstetes Land am Horn von Afrika. Vor Jahren kamen die Russen und bauten die Armee auf. Radarstationen überwachten das Rote Meer. Als die Russen sich später mit Äthiopien verbündeten, kamen die Amerikaner nach Somalia. Jetzt wurde Somalia mit amerikanischen Waffensystemen hochgerüstet.

Wir dürften auf keinen Fall hier bleiben, meinte Phil. In dem Augenblick hatte ich eine Idee. »Phil«, rief ich laut, »Phil, ich weiß, was wir tun können. Wir holen uns einfach den Strom von der Batterie der Kühlbox! Wir müssen entweder die Batterie der Kühlbox ausbauen, oder wir nehmen etwas Draht, wenn du Draht hast.« Auf einmal wurden wir alle lebendig. Der Gedanke, daß wir doch noch von hier wegkommen, beflügelte uns. Phil rannte um das Auto herum und jubelte, als er merkte, daß man die Batterie ganz leicht aus der Halterung lösen konnte. Er wuchtete sie heraus und brachte sie nach vorne zum Beifahrersitz. Ich hielt sie fest und stützte sie mit meinen Füßen. Jetzt fehlten uns nur noch knapp drei Meter Kabel.

Phil kramte im Werkzeugkasten und kam dann stolz mit Draht zu uns. Damit könnten wir es versuchen, meinte er. Der Draht wurde an der Kühlbox-Batterie angeklemmt, und er reichte gerade bis zu der alten Batterie. Die Arbeit war getan, die Hände waren dreckig, die Karawane, die ich eben noch so sehr beneidet hatte, war längst verschwunden. Phil schaltete die Zündung ein. Wir schauten alle gespannt auf die Instrumente. Die bewegten sich! Wir hatten es geschafft. Eine weitere Drehung und der Motor sprang ohne Stottern an. Wir konnten weiterfahren. Aber die bange Doppelfrage blieb weiterhin offen: Wie lange würde diese

Batterie halten, und wie weit würde das Benzin reichen? Ich hielt die Batterie mit meinem rechten Bein fest, damit sich die provisorischen Drahtkabel nicht lösen konnten. So fuhren wir auf der holperigen Straße weiter in Richtung Mogadischu.

Die Warterei hatte uns kostbare Zeit gekostet. Es war jetzt schon nach 18 Uhr, und wir holperten langsam die Straße entlang. Wir redeten kein Wort. Nach einer Weile sahen wir auf der rechten Seite unsere Karawane wieder. Die zog im gleichmäßigen Tempo ihren Weg dahin. Als wir an den Kamelen vorbeifuhren, dachte ich: Technik ist doch etwas Schönes, wenn sie funktioniert. Bald war die Karawane weit hinter uns, wir verloren sie ganz aus den Augen. Die Kinder riefen wahrscheinlich immer noch »Gal!«

Die Sonne wird bald untergehen. Es dämmerte bereits, und weil die Dämmerung in Afrika immer nur ganz kurz ist, wird es schnell dunkel. Wir merkten, daß wir schon in der Nähe von Mogadischu waren. Immer wieder sahen wir ein Auto. In der Ferne leuchteten schon vereinzelt Lichter. Wir würden auf keinen Fall unser Licht einschalten. Wir mußten die Batterie schonen. Langsam ließ unsere innere Anspannung nach. Wir hatten die Vororte von Mogadischu erreicht. Die ersten Häuser grüßten uns. Nun war es nicht mehr weit. Diese letzten Kilometer könnten wir zur Not auch zu Fuß laufen. Aber die Entfernungen in großen Städten sind meist weiter, als man annimmt. Jetzt wurde der Verkehr immer lauter, immer dichter. Die Straßenlampen waren schon eingeschaltet. Wir kannten uns wieder aus. Noch drei Häuserblocks, dann brachte Phil unser Auto vor dem Hotel zum Stehen.

Wir dankten unserem Vater im Himmel, daß er uns wieder heil und gesund zurückgebracht hatte. Phil parkte den Wagen im Innenhof des Hotels. Selten schien mir ein Hotel so sauber wie unser Jubba Hotel zu sein. Vergessen waren die ersten Eindrücke, als wir von Nairobi kamen. Jetzt kamen wir von Lugh und aus der Wüste. Unser Glück war vollkommen, als wir merkten, daß wir im Bad Wasser hatten. Das Fenster war offen, und so genossen wir die kühle Brise vom Indischen Ozean her.

*

Frau Kinuthia hat schließlich ihre Arbeit beendet und heftet die Reiseschecks zusammen. Sie steckt die Schecks in eine abwaschbare Plastikhülle. Ich bekomme auch meinen Reisepaß und den Flugschein zurück. Wir wünschen uns einen guten Tag. Ich habe für den Sonntag einen Flug mit der »Somali Airlines« gebucht.

Kurz darauf stehe ich vor der Bank und sehe den Mittagsverkehr auf der Moi Avenue. Auf der Fahrt nach Hause bleibe ich im Stau stecken und denke, daß es eigentlich schade ist, daß unser Auto keinen Kühlschrank und keine elektrischen Extras hat.

Der Samariter war ein Muslim

Es gibt Geschichten, die wir für unglaublich halten, nur weil wir sie bei uns in Deutschland niemals so erleben könnten. Zu diesen Geschichten gehört auch mein Erlebnis während einer Reise nach Westafrika. Der erste Stop meiner Dienstreise war Lagos in Nigeria, die letzte Station war Dakar im Senegal. Ich hatte für jedes Land ein Visum, die Hotels waren gebucht und die Partnerkirchen über meinen Besuch verständigt. Nigeria ist so groß, daß man gut beraten ist, die weiten Strecken im Inland mit dem Flugzeug zu bewältigen. Darum hatte ich auch verschiedene Inlandflüge gebucht: Ich wollte von Lagos über Port Harcourt und Enugu im Osten nach Kano im Norden fliegen. Am Ende der Rundreise stand dann wieder ein Flug nach Lagos mit einer Verbindung nach Liberia und in den Senegal. So stand es jedenfalls auf meinem Flugticket. Reisende, die häufig mit dieser Linie fliegen, nennen die Nigerian Airlines »Bisquit Airlines«, weil Passagiere selbst auf einem Trans-Afrika-Flug meist nur eine Handvoll Kekse bekommen. Ein richtiges Essen, wie sonst üblich, hatte ich noch nie bekommen. Ich erinnere mich noch an einen Heimflug von Lagos nach Nairobi. Wir waren damals nur sieben Passagiere an Bord einer Boeing 707. Dabei haben in dieser Maschine gut 180 Fluggäste Platz. Aber selbst bei diesem Flug mit den wenigen Passagieren bekamen wir nur Kekse angeboten.

Wir hatten an diesem Tag bis kurz vor Lagos einen guten Flug. Die Stimmung an Bord war wie immer gelöst. Die Passagiere waren fast nur Männer, Geschäftsreisende mit einem schwarzen Aktenkoffer und meist mit viel Flugerfahrung in Afrika. Vertreter internationaler Firmen gehen in Afrika auf Kundenfang. Touristen haben wir in Nigeria kaum gesehen. Die reisen in Schwarzafrika lieber in ein Urlaubsparadies wie Kenia, Simbabwe, Gambia oder Senegal.

Wir können die Hafenstadt Lagos natürlich nicht mit dem ganzen Land Nigeria gleichsetzen. Nigeria ist in seiner Vielfalt beinahe unbeschreiblich. Neunzehn Bundesstaaten

werden von der Regierung in der Bundeshauptstadt Abuja verwaltet. Das Land hat eine reiche Vergangenheit und eine sehr alte Kultur, die bis vor die Jahrtausendwende (2 000 v. Chr.) zurückreicht. Im Dorf Nok, weit im Norden des Landes, wurden wunderschöne Plastiken aus der Eisenzeit gefunden. Die »Nok-Kultur« reichte bis ins Jahr 250 n. Chr. und wurde erst Jahrhunderte später von der »Ife-Kultur« abgelöst (zwischen dem 10. und 13. Jahrhundert). Ife liegt im Süden des Landes. In den nigerianischen Königreichen der Frühzeit entstanden Kunstschätze von unbeschreiblicher Ausdruckskraft und Schönheit. Skulpturen aus Bronze wurden beinahe in Lebensgröße angefertigt. Weitere zweihundert Jahre später stand das Königreich Benin im Mittelpunkt der Kultur und des Reichtums. Damals blühte der Handel mit Europa. Die Küstenregion von Nigeria war den Portugiesen schon seit 1470 bekannt. Sie nannten diese Gegend die Pfefferküste. Weiter westlich liegen Ghana, die frühere Goldküste und die Elfenbeinküste
(siehe: Introduction to African Arts of Kenya, Zaire and Nigeria. By Fred J. Parrot).

Es gibt auch das liebenswerte Nigeria. Das fängt sehr bald außerhalb von Lagos an. Ich hatte diesmal nichts in Lagos zu tun und wollte sofort mit einem Verbindungsflug weiter nach Port Harcourt fliegen. Vor dem geplanten Landeanflug flog die Maschine über zwanzig Minuten lang eine Warteschleife nach der anderen, und wir wunderten uns, warum der Pilot nicht endlich zur Landung ansetzte. Wir waren in Nairobi pünktlich abgeflogen, in Lagos sollte die Maschine um 18.15 Uhr landen. Es war inzwischen 18.45 Uhr geworden, unter uns lag Lagos. Die Stadt schien in ein undurchsichtiges graues Tuch gehüllt zu sein. Nur einzelne Lichter waren zu sehen. Endlich meldete sich der Kapitän über den Bordlautsprecher: »Meine Damen und Herren, die ›Nigerian Airways‹ bedauert es, Ihnen mitteilen zu müssen, daß wir wegen eines Sandsturms nicht in Lagos landen können. Weil wir keinen internationalen Ausweichflughafen in der Nähe haben, fliegen wir weiter nach Abidjan – Elfenbeinküste. Ich wünsche ihnen einen angenehmen Weiterflug.« Anstatt zu jammern, weil bei dieser Verspätung unter Umständen auch wichtige Termine platzen konnten, fingen die Männer im Flugzeug einen Freudentanz an und bestellten sofort noch ein neues Bier. Davon hatten viele in der Zwischenzeit schon genug gehabt. Der Mittelgang war beinahe zu eng für den Freudenausbruch, und von überall hörte man: »O. k., let's go to Abidjan – let's go to Abidjan!« Laßt uns nach Abidjan gehen! So etwas hatte ich vorher noch nie erlebt: Freude über einen Umweg, Freude über eine Verspätung. Der Grund dafür war allerdings einleuchtend. Alle Reisenden wußten: Ein Besuch in Nigeria ist kein Zuckerlecken, vieles funktioniert nicht, Korruption und lange Warteschlangen sind an der Tagesordnung. Auf den Straßen geht es selbst nach Mitternacht noch so lebendig zu wie zur geschäftigsten Tageszeit. Straßenverkäufer bieten, wenn die Ampeln Rot anzeigen, Waren an, die von den Schiffen auf Reede gestohlen worden waren. Da gibt es alles zu kaufen, vom Fliegenwedel über Schweizer Golduhren und Ventilatoren bis hin zum japanischen Farbfernseher. Hauptsache, man kauft schnell und hat genügend US-Dollar bei sich. Dagegen ist ein Besuch in der wirtschaftlich viel stabileren Elfenbeinküste ein Extra-Bonbon. Für eine kostenlose Übernachtung mit einem guten Abendessen nimmt man gerne eine fünfzehnstündige Verspätung in Kauf!

Am nächsten Tag flogen wir dann von Abidjan zurück nach Lagos. Jetzt klappte die Landung sofort. Aber das ist noch gar nicht die Geschichte, die ich erzählen wollte. Allerdings fing sie mit einem Vorspann an. In dieser Jahreszeit gibt es in Westafrika die berüchtigten Sandstürme von der Sahara. Während wir in Deutschland vom Föhn reden, redet man hier vom Hammadan, vom Sandsturm. Der Sandsturm hat seinen Namen von der Steinwüste Hammada, im Norden der Sahara gelegen. Die Fliegerei wird vom Hammadan natürlich stark beeinträchtigt. Es ist immer ein Glücksspiel, ob ein Flugzeug nun tatsächlich abhebt oder ob der Flug gestrichen wird. Um so dankbarer war ich, daß jetzt mein Verbindungsflug nach Port Harcourt reibungslos verlief. Ich dankte Gott, denn ich hatte schon böse Erfahrungen mit den Inlandflügen in Nigeria gemacht: Es passiert immer wieder, daß die Buchungsbüros, nur um die Passagiere zu beruhigen, doppelt so viele Bordkarten verteilen, wie es Sitze im Flugzeug gibt.

Wenn dann ein Flugzeug landet, fängt der Kampf um einen Sitzplatz an. Menschenmassen rasen auf die Startbahn, sind durch nichts aufzuhalten. Da wird gedrückt, geschoben und gestoßen. Aber an diesem Tag verlief alles reibungslos.

In Owerri, der Hauptstadt der Ibo-Provinz, traf ich unseren Mitarbeiter Achim und den Bischof der anglikanischen Kirche. Achim holte mich am Flugplatz ab. Gemeinsam fuhren wir zu seinem Haus. Wir hatten für drei folgende Tage ein ausgefülltes Programm. Die Gespräche mit dem Bischof verliefen zufriedenstellend. Es gab keine Probleme. Aber mit Achim saß ich noch bis tief in die Nacht.

Owerri liegt im ehemaligen Biafra. Überall im Busch sieht man die Ruinen des blutigen Bürgerkrieges von 1967. Damals sollte ein eigener Staat Biafra die Heimat für die Ibobevölkerung werden. 1970 wurden die Truppen Biafras besiegt.

Es ist oft unerträglich heiß. Um die Missionsstation wurde der Urwald gerodet. Eine Farm für blinde Bauern ist hier entstanden. Der einzige Luxus, den Achim hat, ist sein Ventilator. Aber der wird erst um 19 Uhr eingeschaltet. Wenn der Generator läuft, gibt es Strom. Dann sitzen wir am Abend unter dem Ventilator und freuen uns an der frischen Brise.

Am Ende des Besuches brachte mich Achim mit seinem alten VW-Käfer zum Flugplatz nach Enugu, der Hauptstadt der Anambra-Provinz. Achim will noch vier, fünf Jahre hier arbeiten und sein Projekt ordentlich an seinen Nachfolger übergeben. Dann allerdings träumt er von einem kleinen Bauernhof in Irland. Ich frage mich, ob sich sein Traum wohl jemals erfüllen wird? Als ich meine Bordkarte in der Hand hielt, fuhr Achim wieder zurück, der Weg nach Owerri war noch weit. Es war inzwischen 14 Uhr, das Flugzeug nach Kano sollte um 14.45 Uhr starten. Wir warteten geduldig in der Abflughalle, etwa vierzig Passagiere. Ich war der einzige Europäer. Während hier im Osten die meisten Nigerianer Christen sind, gibt es im Norden hauptsächlich Muslime. So waren auch auf diesem Flug in den Norden viele Muslime unter den Passagieren. Man erkennt sie an den gestickten Käppis und an den weißen langen Gewändern. Obwohl wir hier mitten in Afrika waren, lag über der Reisegruppe ein Hauch von Orient.

Um 14.45 Uhr war die Landebahn immer noch gähnend leer. Da war kein Flugzeug zu sehen, also gab es auch keinen Flug nach Kano. Die Passagiere warteten geduldig weiter, bis uns eine Stimme über den Lautsprecher erklärte, daß der Flug gestrichen sei. In Kano seien starke Sandstürme, Hammadan genannt, gab man uns zu verstehen. Natürlich verstanden wir. Jeder versteht hier das Wort Hammadan. Sofort ging die Suche nach den Koffern los, wir hatten die Koffer ja schon vor über einer Stunde aufgegeben. So dauerte es eine Weile, bis sie auf einem Handkarren in die Abfertigungshalle gebracht wurden. Kofferträger boten ihre Dienste an. Nachdem ich meinen Koffer wieder in der Hand hatte, stand ich ziemlich ratlos herum. Ich dachte schon daran, mit einem Taxi nach Enugu zurückzufahren, mir ein Hotel zu suchen und dann von dem Hotel aus alles Weitere zu planen. Da sprach mich ein Nigerianer in einem hervorragenden Englisch an und fragte: »Sir, may I offer you my assistance?« Darf ich Ihnen meine Hilfe anbieten? Ich schaute in ein freundliches schwarzes Gesicht. Der Mann, der sich später als Mohammed Ezenwukwa vorstellte, wollte auch nach Kano. Er hatte seinen Koffer neben sich stehen. Er unterbreitete mir seinen Plan: »Ich kaufe mir auf jeden Fall jetzt ein Ticket nach Lagos. Da gibt es einen Flug in 45 Minuten. Man sagte mir, daß die Flüge nach Lagos heute pünktlich sind.« Für mich war das eine gute Alternative. So kauften wir beide ein Ticket nach Lagos, gaben unsere Koffer wieder auf und verlangten zwei Sitze nebeneinander im Nichtraucherabteil.

In der Abflughalle fingen wir an, uns gegenseitig vorzustellen. Ich erzählte meinem neuen Begleiter, wer ich bin, sagte ihm, daß ich als christlicher Missionar unterwegs bin, um den blinden Menschen in seinem Lande zu helfen. Ich berichtete auch davon, daß die christlichen Kirchen in Nigeria viel für Augenkranke und Blinde tun. Herr Mohammed Ezenwukwa erzählte mir, daß er vom Kultusministerium in Kano angestellt ist. Weil er oft in Lagos ist, hat ihm das Ministerium ein Zimmer im »Federal-Palace-Hotel« zugewiesen. »Das kann ich jederzeit benützen.« Er sei Muslim, und wie er mich mit einem ratlosen Gesichtsausdruck stehen sah, wurde ihm klar, daß er mir seine Hilfe anbieten mußte. Da saßen wir nun nebeneinander: der schwarze Muslim und der weiße Christ. Ungleicheres gibt es wohl kaum auf unserer Welt. Auf dem Flug hatten wir viel zu erzählen. Ich hörte viel von seiner Familie, und ich erzählte von meinen Besuchen im Osten seiner Heimat, von Nairobi und von Deutschland. Als wir in Lagos landeten, zögerte Herr Ezenwukwa und fragte mich, ob ich in Lagos ein Zimmer hätte. Natürlich mußte ich das verneinen. Vor der Zimmersuche graute mir jetzt schon. Selbst wenn man ein Zimmer gebucht hat, bekommt man es nicht ohne Schmiergeld. Die Leute in der Rezeption verweigern einfach das Zimmer, bis man einen Geldbetrag über den Tresen schiebt. So läuft das halt bei uns, »that's the name of the game«, wird einem immer wieder achselzuckend versichert. Es ist also ganz normal, daß Touristen und Besucher »ausgenommen« werden. Jetzt wurde es bald dunkel, und ich hatte kein Zimmer. Das konnte teuer werden. Ich wollte mit einem Taxi in die Stadt fahren, um mich in den Hotels, die ich kannte, umzusehen. Aber als ich sagte, daß ich kein Zimmer habe, fragte Herr Ezenwukwa mit einem breiten Lachen: »May I offer you my assistance again?« Darf ich Ihnen meine Hilfe noch einmal anbieten? Jetzt war ich gespannt. Mohammed Ezenwukwa fing ein wenig umständlich an: »Wie ich Ihnen schon vorher sagte, habe ich als Angestellter des Kultusministeriums in Kano ein Zimmer im ›Federal-Palace-Hotel‹ in Lagos. Das Zimmer ist sehr groß, da haben gut zwei Mann Platz. Ich fahre jetzt ins Hotel, Sie können mitkommen und mit mir in meinem Zimmer wohnen.« Ich wußte nicht, was ich dazu sagen sollte. Ich überlegte dann einen Augenblick und sagte: »O. k., danke, wir werden schon miteinander auskommen.« Dann fuhren wir mit dem Taxi ins Hotel.

Das Hotelzimmer war wirklich riesig groß. Dazu hatte es einen großen Balkon. Mohammed meinte: »Ich schlafe immer auf dem Balkon, dann kannst du im Bett schlafen. Ich nehme die Matratze, und du schläfst auf dem Rest vom Bett. Und – wenn du dich duschst, kann ich auf dem Balkon meine Gebete verrichten. Wenn ich dusche, kannst du in Ruhe deine Gebete verrichten. Du bist doch Christ, und soviel ich weiß, beten die Christen auch.« Mohammed hatte sich alles genau zurechtgelegt. So war wirklich mehr als ausreichend Platz für zwei Mann in diesem Zimmer. Während er noch eine Weile telefonierte, packte ich meinen Koffer aus und fing an, meinen Reisebericht zu schreiben. Nach einem leichten Abendessen gingen wir schlafen.

Meine Gedanken wollten nicht zur Ruhe kommen. Ich hatte in den vergangenen 24 Stunden zuviel erlebt. Soviel Freundschaft und Hilfe, das erfährt man selten. Vor einem Jahr zeigte man mir bei einem Projektbesuch recht deutlich, daß ich ungelegen kam. Mir wurde ein Gästezimmer zugeteilt, bei dem die Matratze voll eingetrocknetem Urin war. Die Matratze stank erbärmlich. Ich verbrachte die Nacht auf einem Stuhl auf der Veranda. In einem anderen Gästehaus mußten meine Frau und ich zuerst den überlaufenden Toiletteneimer leeren, bevor wir das Zimmer in Beschlag nahmen. Ich habe schon in vielen Betten geschlafen und viele Menschen kennengelernt. Aber noch nie hatte mir jemand, wie Mohammed Ezenwukwa, mit einer solchen Selbstverständlichkeit geholfen. Für uns Christen ist das beschämend.

Irgendwann in der Nacht wachte ich auf, es klopfte heftig an der Türe. Mohammed hörte das Klopfen zuerst und rannte vom Balkon zur Türe. Mohammed öffnete und ließ vier Männer und zwei Frauen ins Zimmer. »Das ist meine Verwandtschaft aus Lagos«, sagte er stolz. »Die sind gekommen, um mir Essen zu bringen. Hier in Lagos sind manche Dinge einfach billiger als in Kano.« Inzwischen war es 2.30 Uhr in der Frühe. An Schlaf war nicht mehr zu denken. Der Besuch kam so spät in der Nacht, weil die Anfahrt lange gedauert hatte und weil es in der Nacht doch etwas kühler ist. Außerdem müssen die Männer tagsüber ihren Geschäften nachgehen. Ich wurde sofort in die Familie mit aufgenommen. Wohl verstand ich nichts von dem Erzählen und von den Berichten. Die Familie sprach nur in Haussa. Mohammed übersetzte mir immer ein paar Sätze. Die Frauen hatten schnell auf dem Fußboden eine Art »Picknick« hergerichtet. Eine große Tischdecke hatten sie mitgebracht. Darauf verteilten sie all die Leckereien, auf die Mohammed seit zwei Wochen im Osten des Landes verzichtet hatte. Ich hätte nie geahnt, daß man auch noch nachts um drei Uhr Hühnerfleisch und andere Köstlichkeiten essen kann. Aber Mohammed meinte, diese Nacht sei zu schade zum Schlafen. Wenn die Familie sich trifft, dann muß man feiern.

Erst bei Sonnenaufgang ging die Familie wieder nach Hause. Die Frauen packten alle Utensilien, die zu dem Essen gehörten, in ihre Körbe. Sie wollten in zwei Tagen wiederkommen, wenn wir noch da sind. Bis dahin wollte ich auf jeden Fall schon lange in Kano sein. Um sechs Uhr ließen wir uns Kaffee aufs Zimmer kommen, packten unsere Sachen und gingen in die Rezeption, um ein Taxi zu rufen. Mohammed übernahm selbstverständlich die Aufgabe, die Preise auszuhandeln. Dann teilten wir uns die Kosten für das Taxi. So war die Taxifahrt preisgünstig. Am Flugplatz kauften wir schnell ein Ticket nach Kano, der Flug sollte um 10 Uhr sein. Wir gaben unsere Koffer wieder auf und warteten. Um 10 Uhr hieß es dann, daß der Flug verspätet sei und wir erst um 15 Uhr fliegen würden. Mohammed und ich kannten in der Zwischenzeit vom Erzählen schon die gegenseitige Verwandtschaft. Die Themen gingen uns beim Erzählen nicht aus. War es einmal die Tagespolitik, so diskutierten wir später Schulungsprogramme. Die Zeit verging wie im Fluge. Um 15 Uhr wurde unser Flug wieder aufgerufen, aber nur, um uns zu sagen, daß er jetzt endgültig um 17 Uhr stattfinden würde. Wir schauten uns an, und jeder sah in den Augen des andern berechtigte Zweifel. Mohammed zog dabei die Augenbrauen fragend hoch. Und unser Zweifel war berechtigt. Um 17 Uhr wurde der Flug endgültig abgesagt. Wir holten uns unsere Koffer wieder und fuhren mit dem Taxi zum Hotel. Unser Hunger war groß, wir hatten den ganzen Tag nur Tee getrunken und ein Brötchen gegessen. Jetzt wollten wir im Hotelrestaurant richtig essen gehen. Den nächsten Tag erwartete uns die gleiche Prozedur, und die Verwandtschaft von Mohammed kam tatsächlich noch einmal am zweiten Tag – oder besser gesagt, in der zweiten Nacht zu Besuch. Wieder wurde gefeiert. Beim Abschied wurden Hände geschüttelt; »du mußt wiederkommen!«

Es war also aussichtslos, von Lagos aus Kano mit einem Flugzeug zu erreichen. Die einzige Alternative dazu sind Busse oder ein gemietetes Auto. Mohammed wollte einen Bus nehmen. Da kannte er sich aus. Ich entschied mich anders und wollte sofort weiter nach Dakar fliegen. Ich sagte mir: Kano kommt dran, wenn kein Hammadan die Fliegerei beeinträchtigt. Ich überdachte meinen Besuch. Wozu war er gut? Mohammed wußte, daß ich ein

Christ bin, und ich wußte, daß er ein Muslim ist. Natürlich haben wir über unseren Glauben geredet. Wir haben unseren Glauben bekannt. Wir haben uns schätzengelernt; einer den andern. Und ich glaube ganz fest: Gott tut den Rest.

Es gibt Geschichten, die halten wir für unglaublich, nur weil wir sie bei uns in Deutschland niemals so erleben könnten. Oder können Sie sich vorstellen, daß ein weißer Christ in Deutschland einen schwarzen Muslim, den er vorher noch nie gesehen hat, bei sich in seinem Zimmer übernachten läßt und daß ihn seine Familie wie ein Familienmitglied aufnimmt?

Fünfzig Dollar als Lebensversicherung

Schmiergeld wird gefordert, und es wird gezahlt. Das gibt es überall auf der Welt. Aber nur in Entwicklungsländern fällt diese Art der Geldwirtschaft auch dem Reisenden auf. Wer viel unterwegs ist, wird oft auf geniale Weise (manchmal auch recht plump) zur Kasse gebeten. Der Reisende merkt bald: Ohne Schmiergeld läuft meist gar nichts. Mir ist aufgefallen, daß es meist Leute in Uniformen sind, die versuchen, aus ihrer Stellung einen privaten Nutzen zu ziehen.

Wir sollten jetzt aber nicht mit dem Kopf nicken und uns dabei unseren Teil denken. Wir sollten uns vielmehr überlegen, wie wir selber handeln würden, wenn wir mit nur fünfzig oder hundert Mark im Monat auskommen müßten. Wenn wir und unsere ganze Familie nicht krankenversichert wäre und wenn wir an unserem Lebensabend keine Rente erhalten würden? Wie würden wir handeln, wenn wir zum Beispiel als Kellner in einem Touristen-Hotel Europäer bedienen müßten, die für ein Abendessen mehr Geld ausgeben, als wir in einem Monat verdienen? Sie merken schon: In vielen Fällen ist es nicht Geldgier wie bei uns, sondern oft ist Korruption und auch das Schmiergeld der einzige Weg, um zu überleben. Während es in Europa bei einem Schmiergeldskandal meistens um Millionen geht, wird in afrikanischen Ländern auch schon bei kleinen Anlässen »geschmiert«. Und so sind es meist Kleinigkeiten, die den Besuchern eines Landes Schwierigkeiten bereiten:

– Als ich im Hauptpostamt in Addis Abeba ein Geschenkpaket von Deutschland abholen wollte, stellte mich der Schalterbeamte vor eine ungewöhnliche Wahl, indem er sagte: »Entweder bekommen Sie ihr Geschenkpaket bei mir sofort über den Tisch und zahlen dafür nur fünf Mark. Allerdings bekommen sie dafür von mir auch keine Quittung. Oder Sie nehmen sich die Zeit und gehen zuerst in den ersten Stock in Zimmer 15, dort bekommen Sie einen Antrag, eine Einfuhrgenehmigung für Privatpersonen. Danach gehen Sie in Zimmer 23, dort werden alle Angaben geprüft. Dann gehen Sie in Zimmer 26, dort wird der Wert der Ware berechnet, schließlich zahlen Sie den festgesetzten Zoll im Zimmer 28, und dort bekommen Sie auch eine amtliche Quittung. Erst mit dieser Quittung können Sie dann das Paket bei mir abholen. Die ganze Prozedur dauert, wenn es schnell geht, fünfundvierzig Minuten. Der Zollwert ihres Geschenkpaketes liegt nach meiner Erfahrung nicht unter fünfzehn Mark. Und jetzt wiederhole ich meine Frage: Möchten Sie ihr Paket jetzt mit Quittung haben oder ohne Beleg?« Ohne Quittung, das bedeutet: Der Mann nimmt diese fünf Mark privat ein und betrügt damit seinen Arbeitgeber. Christen können da nicht mitmachen, sie zahlen kein Schmiergeld, um daraus einen persönlichen Nutzen zu ziehen. Aber es gibt auch Gelegenheiten, da mußte ich als Christ zahlen.

– Ich denke an einen Polizisten in Ghana. Ich war in der Adventszeit in der Gegend von Koforidua unterwegs, um Projekte zu besuchen. Bis Weihnachten wollte ich wieder daheim sein. Ich fuhr mit einem Bekannten der anglikanischen Kirche über Land. Während der Fahrt wurden wir von einem Polizisten angehalten, der seinen Kopf in unser Auto streckte und mich freundlich fragte: »What did you bring for Christmas, Sir?« Mein Herr, was haben Sie für Weihnachten mitgebracht? Ich hielt das natürlich für einen freundlichen Spaß und erwiderte lachend: »Sorry, Sir, but I didn't bring anything.« Es tut mir leid, mein Herr, aber ich habe nichts mitgebracht. Da schüttelte er nur bedauernd den Kopf und meinte: Mit zwei Cedis könne er sich zu Weihnachten einen Tee leisten. Und ohne zwei Cedis für ihn könne ich die Straße leider nicht passieren. Ich kalkulierte schnell: Damals war ein Cedi etwa einen Dollar wert. Der Mann wollte von mir zwei Dollar haben, das waren knappe fünf Mark Wegegeld. Und ich dachte: Wenn der so weiterarbeitet, dann kann er sich an Weihnachten mehr als nur einen Tee leisten. Es ging nicht anders, ich zahlte die zwei Cedis, ich konnte mich ja nicht wehren. Interessant für mich war, daß wir bei der ganzen Unterhaltung, bei der ich im Grunde erpreßt wurde, freundlich lächelnd miteinander redeten. Ich denke, die Polizisten hatten sich abgesprochen, denn auf dieser Tagestour wurden wir insgesamt viermal um Geld für Tee angehalten. Aber es war wirklich kurz vor Weihnachten.

– Im Vergleich zu dieser plumpen Art der Wegelagerei handelte der Sicherheitschef des Flugplatzes in Lagos diskret und beinahe vornehm: Ich mußte dringend von Lagos in den Osten nach Port Harcourt fliegen, um in Owerri ein Projekt zu besuchen, in dem blinde Männer in der Landwirtschaft zu Bauern ausgebildet wurden. Ein Besuch bei dem Bischof der anglikanischen Kirche stand noch für diesen Abend auf dem Programm. Ich hatte nicht nur einen gültigen Flugschein, mein Flug war auch schon lange gebucht, und man hatte mir in Nairobi ein O.k. dafür gegeben. Als ich in Lagos ankam, meinte der Schalterbeamte, der Flug sei leider völlig ausgebucht und ich könne nicht mitfliegen. Aber ich könnte es morgen noch einmal versuchen, da fliegt dieselbe Maschine, zur gleichen Zeit. Ich war verzweifelt und wütend und bestand auf meinem Recht, mit dieser Maschine mitzufliegen. Der Beamte hörte sich meinen Protest ruhig an und meinte: »Wenn Ihnen der Flug so viel bedeutet, dann können Sie ja bei dem Chef der Flugsicherheit einen Antrag einreichen. Vielleicht können die Ihnen weiterhelfen. Das Büro des Chefs ist dort drüben.« Als ich mich bedankte, meinte er mit einem leichten Kopfnicken: »No problem, Sir.« Danach wandte er sich dem nächsten Reisenden zu. Wer sich ein wenig auskennt, weiß, daß mit einem »Antrag« ein Geldbetrag gemeint ist. Wichtig ist, daß dieser Geldbetrag unauffällig in einem Briefumschlag überreicht wird. Für solche Fälle hatte ich immer Briefumschläge bei mir. Ich ging zum Büro der Flugsicherheit und stellte meinen Antrag. Der Chef der Flugsicherheit war ein mittelgroßer Mann mit einem gepflegten Äußeren. Er schaute mich durch eine starke Hornbrille an und meinte, er wolle den Antrag prüfen. Ich solle doch bitte so lange draußen warten. Nach einer Weile kam ein junger Mann heraus, gab mir meinen Umschlag zurück und meinte lakonisch: »Da fehlt leider noch die Unterschrift, Sir!« Nach den bekannten Spielregeln bedeutet das, daß ich noch einen weiteren Geldschein drauflegen mußte, das war dann die Unterschrift. Jetzt wurde mein »Antrag« angenommen, und ich bekam innerhalb von nur wenigen Minuten einen Sitz in dem »ausgebuchten« Flug. Wenig später bekam ich auch meine Bordkarte, und mein Gepäck wurde professionell abgefertigt. Ich konnte also den Termin mit dem Bischof einhalten und dachte: »No problem, Sir!«

– In Sierra Leone war ich einer der letzten Passagiere, die zur

Zollabfertigung kamen. Auf dem Lundi-Airport in Freetown ging es geschäftig zu, denn der Flug der Nigerian Airlines, der mich nach Lagos bringen sollte, war völlig ausgebucht. Der Flug war aufgerufen worden. Das Flugzeug stand schon vor dem Flughafengebäude bereit. Die Passagiere in der Abflughalle stellten sich in einer langen Reihe auf und schoben sich zum Ausgang. Es gab für mich keinen Grund zum Drängeln, denn ich hielt bereits meine Bordkarte mit der Sitznummer C 21 in der Hand. Die Paßkontrolle hatte ich schon hinter mir. Der ordentlich gekleidete Beamte der Gesundheitskontrolle prüfte die Eintragungen in meinem Impfpaß und meinte, das sei alles o.k. Zwischen mir und dem startklaren Flugzeug lag nur noch die Zollkontrolle. Ein wenig verschwitzt kam ich dort an, mein Koffer lag schon auf einem der Tische. Ich stellte meine Aktentasche daneben und meinte: »Ich habe nichts zu verzollen.« Der Beamte grinste höflich, nickte dabei und meinte: »Sie wissen, daß wir hier im Land wertvolle Diamanten fördern, und ich kann mir gut vorstellen, daß Sie Diamanten bei sich haben. Darum werden wir Ihren Koffer und Ihre Aktentasche jetzt sehr gründlich durchsuchen. Das kann allerdings eine Weile dauern.« Ich glaubte natürlich zuerst, daß der Mann nur einen der üblichen Scherze machte, merkte dann aber bald, daß das kein Witz, sondern sein voller Ernst war. Er forderte mich auf, zuerst einmal den Koffer zu öffnen. Die Aktentasche käme später dran. Mein Flug wurde erneut und zum letztenmal aufgerufen. Ich sagte dem Beamten, der gerade angefangen hatte, meine Wäsche sorgfältig zu durchsuchen, daß mein Flugzeug startklar sei und daß ich mit Sicherheit keine Diamanten bei mir hätte. Da hörte er mit seiner Sucherei auf und meinte kurz: »Proof it.« Beweise das bitte! Aber wie sollte ich beweisen, daß in meinem Koffer keine der kleinen Diamanten waren? Genau das fragte ich den Beamten. »Wie soll ich das beweisen?« Der meinte mit einem breiten Grinsen: »Gib mir zwei Leone, dann will ich dir glauben.« Daher wehte also der Wind. Zwei Leone waren der Gegenwert von zwei US-Dollar. Ich kramte in meinen Taschen und fand noch zwei Leone, die ich dem Mann auf den Tisch legte. Damit war tatsächlich meine Zollkontrolle beendet. Der Mann meinte: »Sie können jetzt passieren, Sie haben ja keine Diamanten bei sich.« Ich war innerlich sehr erregt und kam gerade noch beim letzten Aufruf zum Flugzeug. Man wartete schon, als ich die Gangway heraufkam. Ich war der letzte Fluggast, nach mir wurde die Türe geschlossen, und der Jet rollte zur Startposition und startete in Richtung Lagos.

– Der Taxifahrer in Lagos wirkte noch ein wenig verschlafen, als ich vor dem Hotel in sein Taxi stieg. »Bitte fahren Sie mich zum Flugplatz«, war meine kurze Anweisung. Ich war auch noch müde. Jetzt drehte sich der Taxifahrer zu mir um und meinte, daß er wegen eines Fahrgastes nicht vom Hotel zum Flugplatz fahren würde. Als ich darauf bestand, daß ich gefahren werden möchte, wurde er immer lauter. Dann belehrte er mich, daß es nicht lange dauern würde, bis noch weitere Fluggäste aus dem Hotel kämen. So mußte ich warten, bis insgesamt fünf Fahrgäste in seinem alten Peugeot 504 saßen. Im Grunde ist das ja eine gute Sache, wenn ein Fahrzeug gut ausgelastet wird. Aber was keiner von uns wußte, war folgendes: In Lagos gibt es seit langer Zeit zu viele Autos. Darum darf jedes Auto nur jeden zweiten Tag fahren. An einem Tag sind die geraden Zahlen dran, am nächsten Tag die ungeraden. Die Nummernschilder kann man leicht überprüfen, und die Polizisten halten die Verkehrssünder an und verpassen ihnen ein Bußgeld. Interessanterweise ist das Bußgeld genauso hoch wie der Taxipreis zum Flugplatz. Natürlich blüht der Schwarzmarkt mit Nummernschildern. Trotzdem hatte unser Taxi an diesem Tag die falsche Tagesnummer. Der Taxifahrer war also gar nicht autorisiert, Passagiere zu fahren. Aber das merkten wir erst, als wir auf dem Weg zum Flugplatz viermal hintereinander angehalten wurden. Der Fahrer mußte den Polizeibeamten jedesmal die übliche Strafe bezahlen, aber er hatte kein Geld bei sich. Er hatte nur uns, die Fahrgäste. Darum klagte unser Fahrer, jedesmal wenn wir angehalten wurden, dem diensttuenden Beamten seine Not. Er habe leider kein Geld für das Bußgeld, sonst würde er ja zahlen. Der Polizist gab sich mit dieser Auskunft rasch zufrieden und wandte sich an uns mit den freundlichen Worten: »Why don't you help your driver?« Warum helfen Sie Ihrem Fahrer nicht? So zahlten vier der Fahrgäste ihren Fahrpreis zum Flugplatz nacheinander an die Polizisten, und für unseren Fahrer blieb am Ende immer noch das Fahrgeld von einem Gast. Es gibt unzählige Erlebnisse wie diese. Man muß sie mit Humor tragen.

Aber daß Schmiergeldforderungen auch gefährliche Ausmaße annehmen können, haben wir ebenfalls erlebt:

– Die schwere Boeing 747 der PAN AM setzte so sanft auf der Landebahn auf, daß ich es gar nicht merkte. Wir waren schon auf dem Robertsfield- Airport in Liberia gelandet. Erst beim Rütteln auf der Landebahn, als die Maschine ausrollte, schaute ich aus dem Fenster und sah, daß wir unser Reiseziel erreicht hatten. Wir waren nach Liberia geflogen, um die Blindenarbeit in Monrovia zu begutachten. Vor einigen Jahren war ich das erste Mal hier in Liberia. Damals besuchte ich das Missionskrankenhaus Phebe im Norden des Landes. Die Augenabteilung sollte erweitert werden. Damals hatte ich auch von der Not der Blindenarbeit gehört. Ich besuchte kurzentschlossen das Kultusministerium und erhielt die Erlaubnis, einen Grundschullehrer in Ostafrika zum Blindenlehrer ausbilden zu lassen. Der Minister war begeistert. Jetzt wollte man sich für die Blindenschule einsetzen. Herr Thompson wurde für die Zusatzausbildung ausgewählt. Als er nach dem Examen wieder in Liberia war, sah er die vielen Mängel in seiner Schule. Er kontaktierte die Regierung. Das Kultusministerium zeigte für die Arbeit wohl ein lebhaftes Interesse, aber es hatte kein Geld, um zu helfen. Für die blinden Kinder fehlte es oft sogar am Nötigsten. Es gab kaum Hilfsmittel, mit denen der Unterricht erleichtert werden konnte. Hier war es uns möglich zu helfen. Es war mir immer ein großes Anliegen, daß die blinden Kinder in Afrika wenigstens die notwendigen Hilfsmittel erhielten. Ich setzte mich dafür ein, daß diese kleine Blindenschule von der Mission unterstützt wird. Bei diesem Besuch wollte ich die Arbeit neu beurteilen.

Diesmal war ich mit meiner Frau unterwegs. Wir wollten anschließend gemeinsam eine Missionskonferenz in Togo besuchen. Nach der Zoll- und Paßkontrolle ging ich zur Bank, um einen Teil meiner Reiseschecks in Bargeld umzutauschen. In Liberia ist der US-Dollar die offizielle Währung. Es ist schon ein merkwürdiges Gefühl, wenn man mitten im afrikanischen Busch die Rechnungen für eine Cola oder an der Tankstelle mit richtigen US-Dollars bezahlen kann und nicht, wie sonst üblich, mit Shillingen, Cedis, Kwachas oder Nairas oder wie die Währungen in Afrika alle heißen. Als wir uns auf dem Flugplatz ein Taxi nahmen, wunderte ich mich, daß die Preise viel teurer waren. Später merkte ich, daß im ganzen Land alles viel teurer war als noch vor zwei Jahren. Die Wirtschaft erlebte eine rasende Inflation. Ich kannte Liberia von meinem Besuch von vor zwei Jahren kaum wieder. Damals war Präsident Tolbert noch an der Macht. Aber der Präsident konnte den Frieden nicht halten. Er konnte die Machtkämpfe der einzelnen Volksstämme nicht beenden. Darum wurde Liberia von einer furchtbaren Revolution heimgesucht. Die Wirtschaft lag am Boden, bewaffnete Soldaten und Räuberbanden zogen umher und machten das Land unsicher. Es war gefährlich, herumzufahren.

Nachdem ich mich mit dem Fahrer über den Fahrpreis geeinigt hatte, fuhren wir auf einer recht guten Teerstraße durch endlos scheinende Kautschukplantagen hindurch in Richtung Monrovia. Die Firestone-Company verarbeitet Kautschuk hier im Lande. Der Flugplatz »Robertsfield« liegt weit von der Landeshauptstadt entfernt. Die Fahrt dauert etwa eineinhalb Stunden. Diese Zeit muß man beim Reisen mit einplanen, wenn man sein Flugzeug rechtzeitig erreichen will. Wir wohnten in dem heruntergewirtschafteten Ducor-Hotel. Früher war dies ein beliebtes Hotel für Touristen. Es ist traurig, feststellen zu müssen, wie ein Land heruntergewirtschaftet wird.

Die Verhandlungen mit den verschiedenen Partnern gingen zügig voran, und so konnten wir, wie geplant, schon nach drei Tagen an den Weiterflug denken. Der Flug wurde uns im Reisebüro bestätigt. Am letzten Abend trafen wir uns noch einmal mit den neugewonnenen Freunden, dem Leiter einer christlichen Selbsthilfegruppe. Diese Selbsthilfegruppe war unser neuer Partner beim Aufbau der Blindenschule. Herr Watson erzählte uns viele Details über den Bürgerkrieg im Lande. Wir hörten von der nackten Gewalt der versprengten Rebellen. Zum Schluß meinte Herr Watson: »Nach Einbruch der Dunkelheit bleibt man lieber daheim.«

An unserem Abreisetag mußten wir das Hotel früh verlassen, der Flug war ja schon auf neun Uhr festgesetzt. Das bedeutete, daß wir spätestens um sechs Uhr das Hotel verlassen mußten. An ein Frühstück war also nicht zu denken. Frühstück gibt es erst ab acht Uhr, wurde uns am Abend von der Bedienung gesagt. Die Rechnung hatten wir vorsorglich auch schon am Abend bezahlt.

Wenigstens mußten wir uns um ein Taxi keine Sorgen machen. Die Taxen parkten Tag und Nacht direkt vor dem Hotel. Ohne Frühstück schleppten wir den Koffer zur Rezeption. Der Nachtportier schlief noch, wir weckten ihn, zeigten ihm die bezahlte Rechnung und riefen ein Taxi. Der Fahrer wuchtete den Koffer in den Kofferraum, wir stiegen ein und fuhren zum Flugplatz. Es war immer noch dunkel, die Luft war frisch. Die Sonne geht erst um sieben Uhr auf, dann wird es schnell hell, es gibt kaum eine Dämmerung.

Auf der Fahrt durch die noch immer schlafende Stadt fiel mir auf, daß viele Geschäfte ihre Schaufenster mit Brettern vernagelt hatten. Mich erinnerte das an Besuche in Uganda nach dem Sturz von Idi Amin. Damals waren auch in Kampala fast alle Geschäfte mit Brettern verriegelt und verrammelt. Man fürchtete sich vor herumziehenden Soldaten Idi Amins. Hier in Monrovia war der Grund für die vernagelten Fenster sicherlich der gleiche: Angst vor Rebellen, die die Stadt immer wieder unsicher machten. Aber warum sollten wir uns sorgen, wir waren auf dem Weg zum Flugplatz. Das gleichmäßige Brummen des Motors beruhigte mich und machte mich schläfrig. Ohne einen ordentlichen Kaffee am Morgen wurde ich nicht richtig wach. Wir verließen jetzt schon die Außenbezirke von Monrovia und bogen in die Straße zum Flugplatz ein. Rechts und links sahen wir zuerst Bananenanpflanzungen, danach kamen die Kautschukplantagen. Wir waren etwa fünfzig Minuten gefahren, hatten etwas mehr als die Hälfte der Fahrtstrecke hinter uns gebracht, als der Fahrer die Geschwindigkeit verlangsamte. Wir schauten aus dem Fenster und sahen auf unserer Seite der Straße eine Sperre. Daneben standen Soldaten. Sie hatten die Gewehre und Maschinenpistolen lässig umgehängt. Wir konnten die schwarzen Gesichter in der Dämmerung nur schlecht ausmachen, aber unser Fahrer hatte den Militärposten schon zeitig erkannt. Weil ich diesen Checkpoint auf der Fahrt in die Stadt nicht gesehen hatte, fragte ich mich, ob die nur in der Nacht Dienst haben. Es gab immerhin eine Ausgangssperre von 22 Uhr bis 6 Uhr. Aber jetzt war es schon kurz vor 7 Uhr. Die Soldaten hatten hier nichts mehr zu suchen! Während ich mir darüber Gedanken machte, warum diese Straßensperre jetzt noch dort stand, hatten wir die Schranke bereits erreicht. Ein Soldat zeigte uns mit seiner MP, daß wir anhalten sollten. Dann schaute er in den Wagen und sagte zu dem Fahrer, er solle den Motor ausschalten. Jetzt erinnerte ich mich an die Worte von Herrn Watson: Geht nicht bei Nacht auf die Straße! Aber was sollten wir tun, wir mußten doch zum Flugplatz.

Insgesamt waren es fünf Soldaten. Als der erste von ihnen in unser Taxi schaute, merkte ich, daß er Alkohol getrunken hatte, er hatte eine ordentliche Fahne. Er sah ungepflegt aus, die Bartstoppeln waren nicht nur einen Tag alt, und obwohl es noch lange nicht hell war, trug er eine Sonnenbrille. Jetzt kamen auch die anderen Soldaten zu uns und umringten das Taxi. Die Männer waren alle angetrunken, einer von ihnen war volltrunken. Mit ihren Waffen und Patronengurten, die sie kreuzweise übergehängt hatten, sahen sie gefährlich aus. Sie spielten mit ihren Gewehren, als wenn es Spielzeuge wären. Endlich meinte der Soldat, der zuerst an das Taxi gekommen war, daß wir aussteigen sollten: »Wir wollen miteinander reden!« Das gefiel uns gar nicht. Wir blieben sitzen, und ich erwiderte, daß wir auch im Sitzen miteinander reden könnten. Im Taxi fühlten wir uns sicherer. Ich sagte den Soldaten, daß wir ihr Land besucht hätten und daß wir jetzt auf dem Weg zum Flugplatz seien. Aber das wußten sie natürlich schon längst. In ihren Augen waren wir erst in zweiter Linie Besucher und Gäste. Zuerst waren wir reiche Weiße, bei denen man sich bedienen konnte. Natürlich hatten wir Angst. Wir waren auf dieser langen Straße auf dem Weg zum Flugplatz allein, und der Taxifahrer würde uns sicherlich nicht helfen, wenn die Männer sich mit Gewalt holten, was sie suchten. Auf einmal schob sich der betrunkene Soldat an seinen Kameraden vorbei, lehnte sich in das offene Fenster und sagte mit schwerer Zunge, daß wir ihm hier und jetzt fünfzig Dollar Straßenzoll zu zahlen hätten. »You pay now fifty dollars!« Wenn wir nicht zahlen wollen, werden sie uns hier festhalten, bis unser Flugzeug ohne uns abgeflogen wäre. Zuerst war ich erleichtert, denn jetzt war uns klar, daß die Soldaten Bargeld wollten. Fünfzig Dollar konnte ich verschmerzen. Ich hoffte nur, daß ich soviel Bargeld noch bei mir hatte, denn was nützen diesen Straßenräubern Reiseschecks oder Kreditkarten. Während der Betrunkene mit uns redete, spielte er aufreizend an seiner Maschinenpistole. Sie hing zur Hälfte ins

Taxi hinein, und wir hatten Angst. Aufgeregt und mit fliegenden Fingern suchte ich in meinem Geldbeutel und fand gerade noch drei Zwanzig-Dollar-Geldscheine. Ich sagte dem Mann, daß wir den Zoll ohne Probleme zahlen würden. Daraufhin zog er sich etwas aus dem Taxi zurück. Als ich ihm die drei Geldscheine durch das Fenster zuschob, grinste er breit und sagte. »You can go, Sir!« Mit diesen Worten zog er sich vom Fenster zurück und zeigte seine Beute den Kollegen. Der Taxifahrer drehte sich zu uns um und meinte, jetzt dürften wir sicherlich bald weiterfahren. Der Soldat, der als erster zu unserem Auto gekommen war, ging zu der Straßensperre und gab uns den Weg frei. Am Flugplatz dankten wir Gott, daß wir die restlichen Kilometer zum Flugplatz ohne weitere Straßensperren zurücklegen konnten.

Ein halbes Jahr später war ich mit meinem Kollegen aus Indien zusammen. Wir erzählten uns an einem Abend Reiseerlebnisse, und ich erzählte ihm auch die Geschichte von der Straßenräuberei in Liberia. Da fragte er mich spaßeshalber: »Wie verbucht man eigentlich solche Ausgaben? Der Soldat hat dir doch sicherlich keinen Beleg für seine Räuberei gegeben?« Ich sagte: »Natürlich nicht, diese Ausgaben trage ich selber, damit kann und will ich meiner Mission nicht auf der Tasche liegen« Da meinte mein Kollege, den ich als Spaßvogel kenne: »Wir sollten solche Ausgaben eigentlich unter ›Lebensversicherung‹ verbuchen!« Aber das war nur ein Spaß, darum lachten wir beide!

Kennen Sie Msase?

Kennen Sie Msase? Ich kannte es jedenfalls nicht und konnte es auch auf der Landkarte von Simbabwe, dem früheren Rhodesien, beim besten Willen nicht finden. Ich war von der lutherischen Kirche eingeladen worden und wollte die Blindenschulen der Kirche besuchen. Der Präsident der lutherischen Kirche hatte mir geschrieben. In seinem Brief hieß es: »Msase liegt zwischen Bulawayo und Masvingo, dem früheren Fort Victoria. Von Bulawayo ist es etwa 180 km entfernt.« Es gab nur eine Hauptstraße in Richtung Osten. Von Masvingo aus ging eine weitere Straße in den Süden nach Beitbridge, der Grenzstation auf dem Wege nach Südafrika. Von Beitbridge führte die Straße zurück nach Bulawayo. In diesem Dreieck mußte Msase liegen.

Der Flug von Nairobi nach Harare ist immer kurzweilig. Meistens sind es Geschäftsleute und Touristen, die sich in das Flugzeug drängen. Die Tierparks, die weltberühmten Victoriafälle und neuerdings die alten Ruinen von Simbabwe locken Schaulustige ins Land. Die Ruinen von Simbabwe sind nahe bei Masvingo und erinnern an das große Reich des Kaisers Monomotapa. Sein Kaiserreich hatte im 16. Jahrhundert (1531) die größte Ausdehnung. Damals reichte sein Einfluß vom Sambesi bis zum Limpopo. In Harare erinnert heute das Hotel Monomotapa in der Park Lane an den großen Eroberer.

Während man die Flüge in den Westen Afrikas niemals recht planen kann und immer neue Überraschungen erlebt, klappt die Fliegerei im Süden des Riesenkontinents hervorragend. Gut gewartete Flugzeuge und freundliches Personal machen jeden Flug angenehm. Passagiere, die oft fliegen und viel in Afrika herumkommen, sagen gerne: »It's fun to go south!« Drei Stunden dauerte der Flug nach Harare. Wir überquerten in dieser kurzen Zeit die Grenzen von Tansania und Sambia. Bei der Ankunft der Maschine am frühen Abend, kurz vor Sonnenuntergang, war es warm, aber nicht zu heiß. Die Luft war trocken. Von den ankommenden und startenden Maschinen roch es durch die offenen Türen vom Rollfeld her nach Flugbenzin. Die letzten Sonnenstrahlen erleuchteten das Flugzeug, das uns in etwa einer Stunde nach Bulawayo bringen sollte. Die Maschine stand schon bereit und wurde gerade aufgetankt. Nachdem Simbabwe vor vier Jahren unabhängig wurde, sind alle Flugzeuge der früheren Rhodesian Airlines frisch gestrichen worden. Jetzt waren die Maschinen stolz mit den Nationalfarben geschmückt, und in großzügiger Schrift hieß es: Air Zimbabwe. Ein Reinigungstrupp von Frauen und Männern in weißen Overalls stieg die Gangway hinauf und verschwand im Inneren der Maschine. Die Wartung der Maschinen klappte reibungslos.

Ich machte es mir in der »Transit-Halle« bequem und schaute mich um. Ins Auge fielen die großen Poster, die einen Tagesausflug an die Victoriafälle offerierten. »Vic'Falls« werden sie meist nur genannt. Die »Flame Lily Tours« starteten zu der Tagestour von Harare und von Bulawayo aus. Auf dem Programm standen die Besichtigung der Wasserfälle, einer Krokodilzucht, des Regenwaldes, eine Bootsfahrt auf dem Sambesi und ein Mittagessen im »Sun Hotel«. All diese touristischen Attraktionen waren früher einmal von der weißen Regierung Rhodesiens straff durchorganisiert worden. Erstaunlich ist, daß die sozialistische Regierung von Simbabwe nicht auf diese kapitalistische Geldquelle verzichten mag. Der Tourismus boomt heute wie einst.

Um mich her hörte ich fremdartige Wortfetzen. Es war Cischona, eine der drei Landessprachen. Im Fernsehen werden die Nachrichten in Cischona, Sindebele und Englisch verlesen. Manchmal klingt es, als ob jemand Kiswahili redet, aber man irrt sich. Die Ähnlichkeit kommt von der gemeinsamen Sprachwurzel. Cischona und Kiswahili sind Bantu-Sprachen. In der Abflughalle herrschte geschäftiges Treiben. Kellner der Imbiß-Stube verteilten die Bestellungen. Meist waren es kalte Getränke. Ein älterer Engländer trank Tee. Der Duty-free-Shop war vollgepackt mit Parfumes, Zigaretten und Likören. Man merkte nichts vom Sozialismus, der als Staatsideologie verkündet wurde. Das Wort Genosse war nur in der Politik üblich. Rote Fahnen und übergroße Banner mit Bekenntnissen zum Sozialismus oder Bildern von Lenin, Marx und Engels habe ich nur in Äthiopien gesehen. Hier in Simbabwe fehlten sie ganz. Den Flugplatz kannte ich von früheren Besuchen. Damals waren alle Beamte weiße Rhodesier, jetzt hatten die schwarzen Bewohner Simbabwes diese Plätze eingenommen. Städte und Straßen hießen früher anders, heute haben sie afrikanische Namen: Aus Rhodesien wurde Simbabwe, und aus Salisbury wurde Harare. Sonst hat sich nicht viel geändert.

Unser Flug wurde aufgerufen. Über Lautsprecher hörten wir: »Die Passagiere des Fluges UM 333 werden gebeten, sich zum Ausgang zwei zu begeben.« Die Passagiere standen auf, sie drängelten. Nur wenige »alte Hasen« blieben sitzen. Wir hatten unsere Bordkarte und die Sitznummer. Warum also die ganze Aufregung und das Drängeln? Mein Platz hatte die Nummer 11 C, das war ein Sitz im Nichtraucherabteil. Nach dem Start boten uns eifrige Flugbegleiterinnen Orangensaft an. Ich las in der Zeitschrift »Inflight«, die kostenlos an alle Reisenden verteilt wurde. Nach einer Flugstunde kamen wir in Bulawayo an. In der Zwischenzeit war es bereits dunkel geworden. Mit dem Bus der Fluggesellschaft ging die Fahrt in die Stadt. Der Fahrer hielt vor meinem Hotel. Ein Hotelangestellter half mir, meinen Koffer ins Zimmer zu schaffen. Danach fing er an, mir alle Einzelheiten im Bad und von der Klimaanlage zu erklären, bis ich ihm einen Simbabwe-Dollar Trinkgeld gab. Prompt hörte er mit der Erklärerei auf und verabschiedete sich höflich.

Am Abend aß ich im Hotel, im Rhodes-Restaurant. Hier sah es immer noch so aus wie zu jener Zeit, als Ian Douglas Smith mit seiner weißen Regierung an der Macht war. Damals saßen nur Weiße an den Tischen. Schwarze Kellner warteten aufmerksam auf die Bestellungen. Das hatte sich Gott sei Dank geändert. Heute ist hier jeder Besucher willkommen, schwarz oder weiß. Und so sind auch die Tische mit schwarzen und weißen Gästen besetzt. Der Rassismus der alten Minderheitsregierung hatte schlimme Auswüchse mit sich gebracht:

Ich erinnerte mich an einen früheren Besuch in Simbabwe, kurz nach der Unabhängigkeit. Ich war damals mit einem guten Bekannten im Auto unterwegs. Er war der Direktor einer großen Behindertenwerkstatt. Es war Mittagszeit, und wir waren hungrig. Auf der Heimfahrt nach Salisbury, wie Harare damals noch hieß, hielten wir vor einem Motel, und ich ging zielstrebig auf den

Eingang zu. Da hielt mich mein Bekannter am Ärmel fest und meinte: »Sie sollten wissen, in diesem Restaurant wurde ich vor einem halben Jahr noch nicht bedient. Obwohl ich in Simbabwe geboren bin, durfte ich das Restaurant nicht einmal betreten. Sie wären damals auch nicht bedient worden, wenn Sie mich im Schlepptau gehabt hätten. Die weiße Besitzerin wollte nichts mit Schwarzen zu tun haben. ›For Whites Only!‹ hieß es auf einem großen Schild neben dem Eingang. Aber heute gehen wir zusammen in das Restaurant, und die Frau muß mich auch bedienen! Sie ist immer noch da und redet heute so freundlich daher, als ob sie immer gegen den Rassismus war. Die hat ihren Mantel nach dem Wind gehängt. So ändern sich die Zeiten.« Wir gingen in das Restaurant. Wir waren im Augenblick die einzigen Gäste und wurden von der weißen Besitzerin freundlich begrüßt. Nachdem sie uns willkommen geheißen hatte, wies sie uns einen Tisch am Fenster zu. Wie auf Kommando schauten wir einander an und konnten uns dabei ein lautes Lachen kaum verkneifen.

Auf meinem Zimmer las ich noch einmal die Geschichte des Landes, das gerade einen jahrelangen Bürgerkrieg hinter sich hatte: 1980 wurde die Unabhängigkeit gefeiert, die Zeit der verhaßten Minderheitsregierung der Weißen war vorüber. Wir schrieben das Jahr 1984: Wohl war der offizielle Krieg vorbei, aber die zerstrittenen Parteien kämpften immer noch weiter, besonders im Süden des Landes, im Stammesgebiet der Ndebele. Unter den Engländern hatten die Ndebele sich als kleiner Stamm kooperativ verhalten, und so wurden sie dementsprechend belohnt. Sie hatten damals die besseren Chancen, im Berufsleben vorwärtszukommen. Nach der Unabhängigkeit sah alles anders aus. Die Schonas sind mit Abstand der größte Volksstamm. Sie bilden die demokratische Mehrheit. Die ZAPU-Partei des Oppositionsführers Joshua Nkomo kämpft gegen die ZANU-Partei von Regierungschef Robert Mugabe. Von Greueltaten wurde berichtet: Menschen wurden gequält, gefoltert und getötet, Häuser und Besitz wurde zerstört, und die Gewalt herrschte. Vor dem Einschlafen dachte ich noch einmal an meinen Besuch in Msase. Wo das wohl liegen mag? Ich las auch noch eine Broschüre über die Blindenarbeit in Simbabwe. Heute gibt es überall im Land Schulen für blinde Kinder. Aber das war nicht immer so:

Noch bis zum Ende des letzten Jahrhunderts war es üblich, daß blinde Kinder kurz nach der Geburt im Fluß ertränkt wurden. »Die bringen sonst Unheil über das Dorf«, so wurde geredet. Einmal geschah es, daß sich eine junge Mutter weigerte, ihr neugeborenes blindes Mädchen zu ertränken. Daraufhin wurde sie aus der Dorfgemeinschaft verbannt. Sie nahm ihr Baby und rannte fort. Viele Tage irrte sie im Busch umher. Eines Tages kam sie zu einer Missionsstation. Die Frau des Missionars hieß Margarete Hugo. Bei ihr durfte die Mutter ihr Kind lassen. Das Kind lebte mit anderen Waisenkindern zusammen. Es wuchs mit den anderen sehenden Kindern auf.
Die Mutter durfte auch wieder ins Dorf zurückkehren, weil sie jetzt nicht mehr das blinde Baby, den Fluch der Ahnen, bei sich hatte. Frau Hugo war keine Blindenlehrerin, aber sie lernte die Blindenschrift, ließ sich von Freunden in England beraten und brachte dem blinden Mädchen alles bei, was sie selber gelernt hatte. Welch einen Wandel konnte man jetzt erleben. Das blinde Mädchen lernte mit den sehenden Kindern im Wettstreit. Es wuchs heran und erlernte auch handwerkliche Geschicklichkeiten und die wesentlichen Handgriffe in der Hauswirtschaft. Aus dem Mädchen wurde eine junge Frau, die bald in der Lage war, sich selber zu versorgen. Dann kam der Tag, an dem die Mutter ihr Kind in ihr Dorf heimholen durfte. Als die Dorfbewohner sahen, daß das blinde Mädchen sogar lesen und schreiben konnte, glaubten sie nicht mehr an einen Fluch der Ahnen. Blinde Babys durften von jetzt an nicht mehr getötet werden. Sie wurden alle zu der Missionarin Margarete Hugo geschickt. So entstand die erste Blindenschule in Masvingo, dem früheren Fort Victoria.

Am nächsten Morgen machte ich mich auf den Weg zum Kirchenbüro. Ich wurde erwartet, und es war ein herzliches Grüßen. Ich schaute mich um in dem Büro des Bischofs. Ein schlichtes Holzkreuz, Akten und Gruppenbilder von Konferenzen in Genf und den Niederlanden. Einfacher ging es wirklich nicht, und ich dachte an die kirchlichen Bürogebäude in

Deutschland, an die viele Technik, an die perfekte Organisation. Aber Gott muß nicht durch riesige Bürogebäude großgemacht werden. Er ist kein weltlicher Herrscher, der sich mit riesigen Bauten selber ein Denkmal setzt. Ich dachte daran, daß uns in Europa ein wenig mehr Bescheidenheit sicherlich guttäte! Der Bischof erhob sich hinter seinem Schreibtisch und streckte mir die Hand entgegen. Er hatte freundliche Augen, mit denen er mich offen anschaute. Nachdem wir uns ausführlich bekannt gemacht hatten, kam der Bischof gleich zur Sache und meinte: »Wir wissen, Sie wollen nach Msase fahren, um dort unsere Arbeit unter den Blinden vor Ort kennenzulernen. Aber wir haben ein Problem.« Dann erklärte mir der Bischof sein Problem: »You are welcome, aber wir haben nur einen kleinen Pritschenwagen, und wir haben auch keinen Fahrer.« Da konnte ich nur antworten: »Das ist doch für mich kein Problem. Ich habe schließlich einen internationalen Führerschein, und mir ist jedes Fahrzeug willkommen. Allerdings brauche ich einen ortskundigen Führer, der mir den Weg zeigt.« Daraufhin ließ der Bischof Mr. Ndongo holen. Der war für die Schulen zuständig und kam aus der Gegend von Msase, genau gesagt aus Belingwe. Er wartete schon im Nebenzimmer.

Kurz nach neun Uhr fuhren wir fort. Ich saß in einem abenteuerlichen Fahrzeug. Es war ein alter DATSUN-Pritschenwagen, der auch schon einmal bessere Zeiten gesehen hatte. Früher war die Farbe wohl einmal weiß gewesen, aber mit den Jahren war der Grundton des Fahrzeugs mehr und mehr grau geworden. Verschiedene Leute hatten danach ihre Malkünste an dem Auto ausprobiert, trotzdem kam der Rost überall durch. Die Windschutzscheibe hatte einen Sprung, der auf der ganzen linken Seite von oben nach unten verlief. In Simbabwe ist Linksverkehr, und so hatte ich als Fahrer auf der rechten Seite gute Sicht. Neben mir saß Moses Ndongo, der sich darüber freute, unter Umständen kurz bei seiner Familie hineinschauen zu können. Herr Ndongo hatte ein jungenhaftes Lachen. Er sah nicht wie fünfunddreißig aus. Er war schlank und trug einen blauen Anzug, darunter ein weißes Hemd mit Krawatte. Die Jacke hing hinter ihm in der Kabine. Die Straßen in Bulawayo waren, wie auch in Harare, breit, meist vierspurig. Die weißen Siedler hatten die Städte großzügig angelegt. Sie brauchten früher so breite Straßen, um mit ihren vier- bis achtspännigen Ochsenkarren auf der Straße wenden zu können. Das Stadtbild von Bulawayo ähnelte dem von Harare und Nairobi sehr. Es gab Hochhäuser und ein- bis zweistöckige Geschäftshäuser. Von der »Main Street« bogen wir in die Selborne Avenue ein. Von dort ging es immer geradeaus. Die Straße führte nach Beitbridge und weiter nach Südafrika. Ich mußte jetzt nur noch darauf achten, daß ich nicht vergessen würde, hinter dem Inyankuni-Damm links abzubiegen, das war die Straße nach Masvingo.

Leider konnte ich die zugelassene Höchstgeschwindigkeit auf der schnurgeraden Straße nicht ausschöpfen. Der Datsun fuhr nur noch 90 km in der Stunde, und auch das nur mit einem immer lauter werdenden Motor und einem sich mit der Geschwindigkeit steigernden Rattern auf der hinteren Ladefläche. Um noch miteinander reden zu können, fuhr ich darum nicht schneller als 70 km in der Stunde. Herr Ndongo sagte, wie alle Leute in Simbabwe, statt Kilometer nur »K«. Wir fuhren also nicht schneller als 70 K. Das Landschaftsbild veränderte sich kaum. Alles um uns her war trocken und ausgedörrt. Die Gegend war felsig. Für diese übereinandergetürmten Felsen ist Simbabwe bekannt. Gelbes Gras, Bäume und Felsen wechselten einander ab. Während die Sonne immer höher stieg, wurde es immer wärmer. Selbst der Fahrtwind kühlte uns nicht mehr, obwohl wir die Fenster weit offen hatten.

Nach etwa zwei Stunden Fahrt mußten wir die gute Teerstraße verlassen. Wir bogen rechts ab. Danach ging die Fahrt auf einer Schotterstraße weiter. Staub wirbelte auf und drang ins Auto. Wir mußten husten, dann gewöhnten wir uns daran. Es waren nur noch 15 km bis Belingwe. Wir hatten es eilig und wollten Ndongos Familie erst auf der Rückfahrt besuchen. Aber Moses Ndongo hatte Hunger. Ich kann nach einem guten Frühstück ohne Schwierigkeiten bis zum Abend ohne Essen auskommen, aber vielleicht hatte Moses kein Frühstück gehabt. Wir legten in Belingwe eine kurze Rast ein und Moses kaufte sich eine Dose Corned beef, dazu Coca-Cola für uns beide.

Belingwe könnte überall in Afrika liegen. Eine Staubstraße zog sich mitten durch den Ort. Die Werbeschilder von Coca-Cola und Marlboro-Zigaretten zogen den Blick auf sich. Das waren die einzigen Farbtupfer. Menschen standen im Schatten der Vordächer aus Wellblech. Die einstöckigen Häuser verrieten eine portugiesische und holländische Tradition. Staub wirbelte auf, wenn Autos vorbeifuhren. Radiolärm tönte aus den Häusern, die Fensterläden waren alle fest geschlossen. Es sollte in den Häusern kühl bleiben. Händler saßen vor ihren Geschäften. In der Mittagspause gab es keine Eile. Die Sonne stand hoch. Die Fahrt ging weiter. Wir mußten uns beeilen, um noch zeitig genug in Msase anzukommen. Mit einem Taschenmesser holte Moses während der Fahrt das Corned beef aus der Dose. Die Coca-Cola erfrischte.

Die Straße wurde zum Waschbrett. Der Wagen ratterte und klapperte, wir hatten aufgehört, miteinander zu reden, denn es war zu anstrengend. Moses lehnte sich zurück und schlief. Ich konnte nicht mehr falsch fahren, weil es keine Abzweigung gab, die Straße ging immer nur geradeaus. Dann kamen wir in Msase an. Es war 12.35 Uhr, gerade Mittag. Nun wußte ich, wo Msase liegt! Ziemlich genau am Ende der Welt, mitten im afrikanischen Busch. Aber selbst hier, mitten im Busch, war die frühere Missionsstation geschäftig. Heute gehört diese Gegend im Süden Simbabwes zur lutherischen Kirche. Schulen, Heime und eine Klinik werden unterhalten. Die Kirche ist aktiv, aber es fehlt ihr an Geld und an vielen, für uns selbstverständlichen Hilfsmitteln. Man wartete schon auf uns. Nach einer herzlichen Begrüßung fragte man uns: »Möchten Sie Tee oder Kaffee? Mit Milch? Ein oder zwei Würfel Zucker?« Dann erst konnten wir unsere Dienstgespräche beginnen. Danach kam der Rundgang durch die Blindenschule. In jeder Klasse sprangen die Kinder von ihren Sitzen. Ich wurde mit dem eingeübten »Good morning, Sir« begrüßt. In einer Klasse, die gerade Erdkunde-Unterricht hatte, suchten die Schüler auf einer Weltkarte Deutschland. Sie hatten schon von Europa gehört. Bei uns sei es kalt, das Gras sei immer grün, und das ganze Land sei so modern wie Harare. Ich mußte denken: Wenn die Kinder in Deutschland doch auch so viel Lerneifer hätten wie die hier im afrikanischen Busch!

Die Besichtigung war langwierig. Wir mußten in jedes Klassenzimmer eintreten und die Kinder grüßen. Anschließend trafen wir uns wieder im Büro des Schulleiters. Das Gästebuch lag auf dem Tisch. Ich mußte meine Eindrücke in eine Spalte schreiben. Danach wurde uns noch eine Flasche Coca-Cola oder eine Fanta angeboten. Dazu gab es Kekse. Diese waren mit einer gestickten Decke bedeckt. Mein Besuch war liebevoll geplant. Ich fühlte, daß ich hier willkommen war, und nicht nur, weil mein Besuch Hilfe von Deutschland versprach. Argwohn oder gar Haß gegen Fremde war hier unbekannt.

In einer freien Minute planten Herr Ndongo und ich die Rückfahrt. Wir hofften, noch vor Dunkelheit wieder auf der Teerstraße zu sein. Mit dem Besuch bei Moses' Familie würden wir dazu mindestens zwei Stunden brauchen. Darum müßten wir leider schon um fünf Uhr am Nachmittag weiterfahren. Wir hatten gute Gespräche mit der Leitung der Anstalt, und die Zeit verging wie im Fluge. Beim Abschied wurde gewunken, und man wünschte sich ein Wiedersehn. Wir waren wieder unterwegs. Eine Stunde und zehn Minuten Fahrt auf der Schotterstraße lagen vor uns. Wir holperten mit unserem Datsun dahin. Man gewöhnte sich schnell wieder an den Staub und an den Lärm. Immer wieder sahen wir Ziegenherden, die vergeblich nach saftigem Gras suchten. Sie rissen Blätter von den Büschen. So verschwand auch noch das letzte Grün aus der Landschaft.

Die Sonne schien mir immer wieder in die Windschutzscheibe. Auf der Teerstraße nach Harare würden wir die Sonne bis zu ihrem Untergang um 19.00 Uhr direkt vor uns haben. Sie wird mich sicherlich sehr blenden, ging es mir durch den Kopf. In der Ferne, weit vor uns, sah ich am Straßenrand Gestalten. Ich konnte noch nicht erkennen, ob es sich um Männer, Frauen oder Kinder handelte. Zuerst dachte ich, es seien Hirtenbuben mit ihren Ziegen. Erst beim Näherkommen sahen wir es genau: Vor uns gingen Soldaten in einer langen Kolonne rechts und links von der Straße. Sie hatten das Gewehr im Anschlag. Mir wurde sofort klar, daß das nicht nur ein Manöver war. Die Zeiten für Manöver waren längst vorbei. Hier wurden immer noch Rebellen gesucht und verfolgt. Wir fuhren langsam. Als wir die Kolonne erreicht hatten, zeigte uns ein Soldat mit einem Handzeichen an, daß wir langsam weiterfahren sollten. Die Augen der Soldaten verfolgten uns kurz. Aber wir interessierten sie nicht. Sie schauten sofort wieder aufmerksam rechts und links in den Busch und prüften die Straße.

Ich fragte meinen Beifahrer, ob er wisse, was das alles zu bedeuten habe, und so erzählte er mir eine Geschichte, bei der ich den Atem anhielt: Gestern hätten Nkomos Rebellen ein Dorf hier in der Nähe überfallen, und bei dem Rückzug hätten sie diese Straße hier vermint, um vor einer weiteren Verfolgung der Regierungstruppen sicher zu sein. So machten die das immer. Das sei ihre Taktik. Und jetzt suchten die Soldaten Rebellen, die sich noch hier in der Gegend aufhielten. Und sie suchten auch die Minen, die von den Rebellen hier unter dem Kies vergraben worden waren. Überall im Land gäbe es Minen. Moses sagte das mit einer solchen Ruhe, als würde er mir die augenblickliche Wetterlage erklären. Ich fragte mich: War der Mann tatsächlich so »cool«, oder hatte er sich so sehr an diese Kriegssituation mit den Minen gewöhnt, daß es ihn weiter nicht mehr aufregte?

Mir brach der Schweiß aus, als mir bewußt wurde, daß wir schon den ganzen Weg nach Msase über diese verminte Straße gefahren waren und daß versprengte Rebellen hinter jedem Busch lauern konnten. Alle Muskeln spannten sich bei mir, und ich gab Gas, so gut ich konnte. Dabei erinnerte ich mich, daß ich einmal gelesen hatte, daß eine Mine erst hinter einem Auto in die Luft geht, wenn man schneller als 80 km in der Stunde fährt. Ich versuchte also, so schnell wie möglich auf dieser holperigen Schotterstraße zu fahren. Die Tachonadel kletterte von 50 km/h ständig aufwärts. 55, 60, 80. Ich versuchte 85 km/h als meine Reisegeschwindigkeit einzuhalten. Der Motorlärm war jetzt so laut, daß wir praktisch nicht mehr miteinander reden konnten. Wir mußten einander anschreien, wenn wir etwas sagen wollten. Die Minuten schlichen dahin; mit der Angst im Nacken können 45 Minuten eine Ewigkeit dauern. So schrie mir Moses ins Ohr: »Ich glaube, wir halten nicht mehr in Belingwe. Das ist heute keine gute Zeit dafür. Es ist besser, wenn wir gleich nach Bulawayo weiterfahren.« Dankbar nahm ich den Vorschlag an und fuhr gleichmäßig weiter. Der Wagen ratterte über das Waschbrett. Der Staub und der Lärm machten uns jetzt nichts mehr aus. Unsere Augen waren in die Ferne gerichtet. Irgendwann mußte doch die Abzweigung nach Bulawayo kommen!

Dann war der Alptraum vorüber; in der Ferne schimmerte das schwarze Band der Teerstraße, auf der wir wieder sicher fahren konnten. Beim Einbiegen in die Überlandstraße gab es ein letztes Holpern, eine letzte Staubwolke, dann waren wir mit unserem Datsun auf der Fernstraße von Masvingo nach Bulawayo. Ein Gefühl tiefer Dankbarkeit stieg in mir auf. Erst jetzt atmete auch Moses tief durch und sagte: »Das ist doch noch einmal gutgegangen.« Er war also doch nicht so gelassen gewesen, wie es zuerst aussah. Die innerliche Anspannung ließ erst langsam nach. Denn, obwohl ich während des Bürgerkrieges in Äthiopien viele gefährliche Situationen erlebt hatte, war ich doch noch nie auf einer verminten Straße gefahren.

Inzwischen war es dunkel geworden. Wir mußten die Scheinwerfer einschalten. Der Lichtkegel glitt über den Asphalt. Es wurde merklich kühler. Der Fahrtwind tat uns gut. Jetzt dauerte es nicht mehr lange, bis wir endlich in Bulawayo eintrafen. Die Leuchtreklame war schon eingeschaltet. Der Feierabendverkehr wurde weniger. Ich genoß den Stau vor der ersten Ampel. Ein Gefühl der Dankbarkeit und des Geborgenseins kam in mir auf. Ich dachte: Es ist gut, wieder »daheim« zu sein. Moses setzte ich vor dem Kirchenbüro ab. Das Büro war schon seit zwei Stunden geschlossen, aber Moses hatte seinen eigenen Schlüssel. Er wollte noch in seinem Büro nach der Post schauen. Ich fuhr weiter zu meinem Hotel. Das Auto parkte ich im Innenhof. Am nächsten Tag würde ich es der Kirche zurückgeben. Auch würde ich am selben Tag ein weiteres Gespräch im Kirchenbüro haben.

Im Empfangsbüro des Hotels ging es laut und lebhaft zu. Eine neue Reisegruppe war gerade angekommen. Koffer standen herum. Reisende drängelten sich vor dem Schalter am Empfang. Es dauerte eine Weile, bis ich an der Reihe war. »Zimmer 411«, sagte ich und bekam meinen Schlüssel. Ich war müde. Der Tag war doch sehr anstrengend gewesen. Mit dem Fahrstuhl ging's hinauf in den vierten Stock. Mir war noch immer, als wenn ich träumte. Ich sah immer noch die Schotterstraße vor mir, die Schotteranhäufungen in der Mitte der Straße, unter denen leicht eine Mine hätte versteckt sein können, und ich sah die Soldaten mit den

Gewehren im Anschlag, die Jagd auf Rebellen machten. Bevor ich im Zimmer meine Aufzeichnungen niederschrieb, dankte ich unserem Vater im Himmel für die Bewahrung, und dabei ging mir der Liedvers durch den Kopf: »Es kann mir nichts geschehen, als was er hat ersehen und was mir dienlich ist.«

Unter Rebellen

Ich schaute mich in unserer Wohnung um, die Einrichtung war einfach. Als wir vor drei Jahren in das schlichte Fertighaus des Schulleiters einzogen, dachten wir manchmal: »zu einfach«. Später verglichen wir unseren Lebensstandard mit dem Besitz der einheimischen Bevölkerung in Äthiopien. Da stellten wir beschämt fest: »Wir sind doch so reich, so unendlich reich!« Wir hatten einen Herd in der Küche und sogar einen Kühlschrank. Der Kühlschrank und der Herd wurden mit Gas betrieben. Am Abend genossen wir für drei Stunden elektrischen Strom. Damit konnten wir Maschinen laufen lassen und Wasser pumpen. So hatten wir, wenn die Wasserpumpe funktionierte, auch fließendes Wasser. Und zu unserer Wohnung gehörte auch ein gemütliches Wohnzimmer mit Polstermöbeln. Die meisten Möbelstücke waren alt, wir hatten sie von unserem Vorgänger übernommen. Aber das Sofa und die Sessel waren neu. Wir hatten sie in Addis Abeba gekauft. Sie waren mit einem rötlich-braunen Stoff überzogen. Das war die Farbe der Landstraße in der Trockenzeit.

Von der Veranda hatten wir einen wunderschönen Blick auf ein dichtbewaldetes kleines Tal, ein Paradies für Affen. Dahinter stieg ein Höhenzug leicht an. Auf seiner Rückseite floß der Didessafluß in den Weißen Nil. Meine Frau sagte manchmal in der Regenzeit, wenn sich die Natur im saftigen Grün zeigte: »So sieht es bei uns auf der Schwäbischen Alb aus«, und ich dachte: Recht hat sie. Nur war es hier bei uns nicht so friedlich wie auf der Schwäbischen Alb. Wir schrieben das Jahr 1975. Äthiopien befand sich mitten im Krieg gegen Somalia. Dazu kämpften die verschiedenen Freiheitsbewegungen für die Befreiung Eritreas und des Omorolandes. Die Regierung unter Mengistu Haile Mariam verbündete sich mit der damaligen Sowjetunion, der ehemaligen DDR und mit Kuba. Äthiopischer Kaffee wurde gegen Munition verkauft. Aber der Krieg im Osten des Landes und im Norden war diesmal nicht unser Hauptproblem:

Die kommunistische Revolution veränderte das gesamte Land. Durch die Landreform bekamen die Bauern den langersehnten Landbesitz, und sie bekamen Macht. Natürlich gab es auch Widerstand. Im Inland verbarrikadierten sich kaisertreue Großgrundbesitzer und verteidigten ihren Besitz gegen die Bauernmiliz. Die Regierung ging mit brutaler Gewalt gegen die Großgrundbesitzer vor. Sie wollte zeigen, wer jetzt »Herr im Hause« ist. Darum galt: Wer sich nicht in die Revolution einreihte, wurde bekämpft. Wer nicht für die Massen war, wurde schnell zum Staatsfeind erklärt. So einfach wurde damals definiert, ob ein Äthiopier auch ein guter Äthiopier ist.

Am Abend hörten meine Frau und ich die Nachrichten im Radio. Die einzige Tageszeitung, der »Ethiopian Herold«, berichtete regierungstreu und war von marxistischer Propaganda durchsetzt. Daraus konnten wir uns nicht informieren. Wir hörten die Deutsche Welle und englische Nachrichten des BBC aus London. Vor wenigen Tagen meldete diese Rundfunkstation, daß die amerikanische Botschaft ihre Bürger in Äthiopien aufgerufen hatte, das Land zu verlassen. Auch die Schweden und Norweger waren bereits am Packen. Wir machten uns große Sorgen und fragten uns, wie lange wir noch im Lande bleiben dürften. Denn wir wollten noch nicht zurück nach Deutschland. Wir wollten unsere Arbeit in der Blindenschule im Westen Äthiopiens noch nicht verlassen. Es gab so viel zu tun. Wir waren immer noch in der Aufbauphase. Aber die Zeichen standen auf Sturm:

Die deutsche Botschaft hatte schon vor einiger Zeit für alle Deutschen in der »Kolonie« einen genauen Evakuierungsplan ausgearbeitet. Wir sollten ausgeflogen werden. Wir hatten für den Tag X schon seit Jahren einen zehn Kilo schweren Koffer im Wohnzimmer stehen, nur das Allernötigste. Mehr Gepäck durfte niemand mitnehmen. Fünf Kilo pro Person, das war das Limit. So stand es in dem Brief der Botschaft. Wir sollten uns gegenseitig anrufen, und die Deutschen vom Inland sollten nach Addis Abeba kommen. Dazu hatten alle Deutschen in der »Kolonie« von der Botschaft ein »Certificate of protection«, einen Schutzbrief, erhalten. Dieser Schutzbrief war in amharischer und englischer

Sprache geschrieben. Er wies uns als Bürger Westdeutschlands aus. Mit einem Paßfoto und vielen Stempeln versehen, sollte er die Deutschen schützen. Nachdem der deutsche Botschafter auf einer Fahrt am frühen Abend in Addis Abeba beschossen worden war, wollte man kein weiteres Risiko mehr eingehen. Frauen und Kinder sollten in diesen Zeiten der Unruhe nicht mehr im Inland Äthiopiens wohnen, sie wurden angewiesen, sich in Addis Abeba aufzuhalten. Viele Europäer und Amerikaner verließen das Land. Meine Frau blieb all die Jahre bei mir in Ghimbi.

In diesen Monaten des Umbruchs merkten wir schmerzlich, daß die Arbeit im Inland immer schwieriger wurde. In den vergangenen Wochen wurden wir durch landesweite Verordnungen der Revolution mehr und mehr behindert. Die Lehrer unserer Schule wurden kurzfristig zu Sonderdiensten für die Partei abkommandiert. Der Schulleiter wurde gar nicht gefragt. Die Tagelöhner mußten wöchentlich für die Revolution freiwillige Arbeit leisten. Lebensmittel, Seife und Benzin gab es nur noch auf Bezugsscheine. Ich wurde von einem unserer Arbeiter angeklagt und mußte mich vor dem Gericht verantworten. Unser Nachbar, der deutsche Missionar Johannes, kam kurzfristig ins Gefängnis, weil er unser gemeinsames Sprechfunkgerät bediente. Die Anklage hieß: »Der ist ein Geheimagent aus Amerika.« Wir versuchten, trotz all dieser Behinderungen den Tagesablauf in der Schule einigermaßen aufrechtzuerhalten. Die blinden Kinder sollten so wenig wie möglich unter den Auswirkungen der Revolution leiden. Darum fingen wir, wie auch zu Friedenszeiten, jeden Tag mit einer Andacht an. Lehrer und Schüler nahmen daran gemeinsam teil. Erst danach folgte der Schulunterricht. Genauso fing auch jener bestimmte Tag an:

Die Tagelöhner arbeiteten an der neuen Werkhalle. Zementfertigteile wurden hergestellt, Steine geklopft und behauen. In drei Monaten wollten wir das Richtfest feiern. Die blinden Kinder freuten sich in der großen Pause lauthals an Ballspielen, und aus der Küche kamen verlockende Düfte von frisch gebackenen Fladenbroten. Ich saß im Büro und bereitete den Monatsabschluß vor. Wir erhielten unser Geld monatlich vom Kirchenbüro in Bodji. Doch vorher wurde der alte Monat abgerechnet. Es war nicht immer einfach, die nötigen Belege zu bekommen. Die sozialistische Regierung hatte Festpreise eingeführt. Aber die Händler wollten von diesen neuen Preisen nichts wissen. Sie verkauften ihre Ware auf dem Schwarzmarkt zum doppelten Preis. Wenn ich Stoffballen für die Kleider der Kinder kaufen wollte, hieß es: »Wir haben leider keinen Stoff mehr für die Preise der Regierung. Diese Stoffe sind uns leider ausgegangen. Aber wir haben immer noch andere Stoffe, die können Sie gerne kaufen. Leider können wir Ihnen dafür keine Belege ausstellen!« Überhöhte Preise ohne Belege. So sah oft der Einkauf aus!

Um halb eins ging ich, wie jeden Tag, zur Mittagspause zu unserem Wohnhaus hinunter. Ich freute mich auf die wohlverdiente Mittagsruhe. Trotz der Regenzeit war es in den späten Morgenstunden recht heiß geworden. Schweiß stand mir auf der Stirne. Im Haus war es etwas kühler. Wir waren noch beim Mittagessen, da wurden wir von der Frau unseres Nachbarn aufgeschreckt. Die Frau von Missionar Johannes war völlig außer sich, Angst sprach aus ihrem Gesicht. Sie wollte sich nicht setzen, blieb mitten im Wohnzimmer stehen, und wir hörten ihr zu. Sie berichtete uns, ihr Mann sei um neun Uhr in den Ort gefahren. Er wollte nur schnell zur Post und zur Bank gehen. Zum Schluß meinte sie: »Eigentlich warte ich schon seit zehn Uhr auf meinen Mann. Seitdem mache ich mir große Sorgen! Ich betete um innere Ruhe, aber jetzt kann ich nicht mehr länger warten. Was soll ich nur tun? – Bitte helfen Sie mir.« Ich versprach, ihren Mann sofort zu suchen. Das war das wenigste, was ich tun konnte. Ich lief schnell zu den Wohnhäusern der Lehrer hinüber. Diese Häuser hatten wir gleich neben unserem Haus erbaut. Bei unserem Internatsbetrieb ist es gut, wenn die Lehrer immer erreichbar sind. Die Schülerinnen und Schüler müssen auch außerhalb der Schulstunden beaufsichtigt und betreut werden. Ich klopfte an die Türe von Ato Mamo, meinem Stellvertreter. Der öffnete sofort, und ich erzählte ihm mit wenigen Worten, daß wir den Pfarrer Johannes suchen müssen. Gemeinsam machten wir uns auf den Weg. Als ich den Landrover startete, zeigte die Benzinuhr auf voll. Wir hatten also genügend Benzin im Tank und auch noch zwei Reservekanister in der Garage. Das war bei der heutigen Marktlage keine Selbstverständlichkeit. Wenig später fuhren wir mit dem schweren Geländewagen durch das Tor der Schule hinaus. Im Dorf wollten wir uns nach Pfarrer Johannes erkundigen. Die Gebete unserer Frauen begleiteten uns.

Zuerst suchten wir Pfarrer Johannes in den verschiedenen Ämtern im Ort. Danach fuhren wir auch ins Gefängnis. Vielleicht hatte man ihn kurzfristig eingesperrt. So etwas kam in diesen unruhigen Zeiten häufiger vor. Aber wir hatten kein Glück. Niemand hatte Pfarrer Johannes gesehen. Er schien wie vom Erdboden verschwunden zu sein. Wir wollten unser Suchen schon enttäuscht aufgeben, da hörten wir von einem Polizisten, der im Ort herumschlenderte, daß Pfarrer Johannes nach Gulisso gefahren sei. Auf unser Fragen erklärte er uns bereitwillig, wie es zu dieser Fahrt kam. Zum Schluß meinte er: »Wir brauchten das Auto dringend für die Revolution.« Das war für ihn eine genügende Erklärung! Der Polizist kam sich sehr wichtig vor, und so hörten wir, ohne nach Einzelheiten zu fragen, die ganze Geschichte:

Die Bauernmiliz wollte einen Großgrundbesitzer dort hinten bei Gulisso »ausräuchern«, wie sie es nannten. Der Mann sei ein unverbesserlicher kaisertreuer Bursche, der immer noch nicht begriffen hätte, daß längst eine neue Zeit begonnen hatte. Zuerst hatte die Miliz sein Grundstück nur belagert, aber dann war man zum Angriff übergegangen. Doch der Großgrundbesitzer leistete mit seinen treuen Gefolgsleuten verzweifelt Widerstand. Der wollte nichts von der ganzen Revolution wissen. So hörten wir zum Schluß: Verletzte und Tote hätte es auch gegeben, und Pfarrer Johannes, der hätte sich freiwillig bereit erklärt, mit seinem Wagen die Verwundeten nach Ghimbi ins Krankenhaus zu transportieren. Ich sah Mamo nur kurz an, der verstand und nickte. Wir mußten sofort nach Gulisso fahren, wir durften nicht warten!

Später erfuhren wir, daß Pfarrer Johannes, als er seinen Landrover vor der Bank parkte, von der Polizei angehalten wurde. Die Beamten prüften zuerst umständlich alle seine Ausweise, danach das Fahrzeug und meinten: Er solle den Wagen sofort zur Polizeistation bringen. Der Missionar zuckte nur die Achseln. Er mußte den Männern gehorchen. Die hatten an diesem Tag die Macht, und irgendwelche Beanstandungen gibt es immer an einem alten Landrover. So fuhr er zum Polizeirevier. Dort wurde ihm, ohne lange zu erklären, mitgeteilt, daß sein Fahrzeug für eine unbestimmte Zeit beschlagnahmt sei. Und er, als der Besitzer des

Wagens, dürfe mit ihnen zusammen in das Kampfgebiet bei Gulisso fahren. Das sei jetzt wichtiger als alles andere, denn von dort müßten verwundete Kameraden ins Krankenhaus geschafft werden. Bevor er mit den anderen Männern in den Wagen stieg, bat Pfarrer Johannes die Beamten, seine Frau telefonisch benachrichtigen zu dürfen. Aber das wurde ihm nicht gestattet. Der Oberste der Männer meinte nur: »Soviel Zeit haben wir jetzt nicht, das erledigen wir für Sie. Machen Sie sich nur keine unnötigen Sorgen.«

Wir fuhren mit unserem Landrover langsam durch den Ort. Jetzt in der Mittagszeit wirkte die Kleinstadt wie ausgestorben. Am Ortsausgang bogen wir in Richtung Gulisso ab. Wenig später kamen wir mit unserem schweren Wagen nur langsam voran. Der Weg schien ein einziges Schlammloch zu sein. Es regnete schon seit über einem Monat. So konnte der Boden die Regenfülle nicht mehr aufsaugen. Um uns abzulenken, redeten wir nur belanglose Dinge. Aber in Wirklichkeit waren unsere Nerven bis zum äußersten angespannt. Wir wußten nicht, ob wir von herumstreunenden Milizsoldaten angegriffen oder Gulisso unbehelligt erreichen würden. Im Lande herrschte Anarchie. Wenn jemand unseren Wagen brauchte, so brauchte er uns nur aus dem Weg zu schaffen. Uns war bewußt, wenn uns auf dieser Fahrt etwas zustieße, dann würde die Regierung lautstark ihr Bedauern bekunden und die Schuld den Rebellen in die Schuhe schieben. Ich erinnerte mich an die Wochen in Addis Abeba, als die Revolution gerade begonnen hatte. An die nächtlichen Schießereien hatten wir uns schließlich gewöhnt. Und doch konnten wir manche Nacht nicht schlafen, weil die Gewehrsalven immer lauter wurden. Hin und wieder schlugen schwerere Kaliber in der Nachbarschaft ein. Das klang dann wie ein gewaltiger Donnerschlag. Aber wir kannten Schießereien nicht nur aus Addis Abeba, auch auf unseren Fahrten wurden wir immer wieder mit Waffengewalt zum Halten gezwungen. Trotzdem gewöhnt man sich nicht an das flaue Gefühl im Magen.

Glücklicherweise kannte ich den Weg. Ein blinder Bub aus unserer Schule wohnte dort, noch viele Kilometer hinter Gulisso. Wir mußten ihn einmal zu Beginn der Sommerferien nach Hause bringen, weil sein Vater krank war und ihn nicht für die Schulferien abholen konnte. Ein Ast streifte die Windschutzscheibe. Das brachte meine Gedanken in die Gegenwart zurück. Der schwere Wagen wühlte sich unermüdlich seinen Weg durch die aufgeweichte Fahrrinne. Ich hatte den Vierrad-Antrieb eingeschaltet, die Fenster heruntergedreht und schaute angestrengt vor mich auf die Fahrbahn. Wahrscheinlich vermutete ich hinter jedem Gebüsch einen kämpfenden Bauern, Männer, die wie Gesetzlose das Land durchzogen.

Auf einmal stieß mich Mamo in die Seite und zeigte mir ein kleines Neues Testament. Er hatte es, ehe wir fortfuhren, schnell aus seinem Zimmer geholt, und jetzt meinte er mit einem breiten Lachen: »Ich dachte, so ganz ohne Schutz sollten wir heute nicht reisen. Und Gottes Wort schützt uns besser als ein Gewehr. Mit Gottes Wort kommen wir auch durch die ganze Revolution. Daran glaube ich ganz fest.« Wie recht hatte Mamo. Gottes Wort kann uns Schild und Schutz sein, und diese Gewißheit machte uns beide froh. Mamo ist ein treuer Christ, der eine schwere Kindheit hinter sich hat. Nachdem seine Eltern sehr früh gestorben waren, kam er zu seinem Onkel. Aber dort wurde er nur ausgebeutet. Anstatt ihn zur Schule zu schicken, mußte er auf die Schafe und Kühe des Onkels aufpassen. Das war für ihn eine schwere und gefährliche Aufgabe. Denn in der Nacht lauerten überall wilde Tiere. Damals richtete sich Mamo seine Schlafstatt im Geäst eines Baumes ein. Dort schlief er aus Angst vor wilden Tieren. Viele Jahre später fanden ihn Missionare auf der Durchreise. Sie erlaubten ihm, zur Schule zu gehen. Danach wurde er Lehrer. Jetzt war er mein Stellvertreter. Gottes Wege sind für uns oft unbegreiflich.

Wir waren jetzt schon seit über einer Stunde unterwegs. Bisher war rechts und links des Weges nur Buschland zu sehen. Jetzt fuhren wir durch kultiviertes Land. Kaffee- und Bananenanpflanzungen lagen auf der rechten Seite, links war ein riesiges Getreidefeld mit Teff. Wir waren jetzt ganz in der Nähe unseres Zieles. Vor uns sahen wir vereinzelte Hütten. Hier wohnten sicherlich die Arbeiter des Großgrundbesitzers. Ein paar Frauen standen vor den Hütten und beobachteten uns, wie wir mit dem Wagen langsam näher kamen. Wir fragten die Frauen nach einem großen Auto und ob sie darin auch einen Ausländer gesehen hätten. Sie beteuerten uns, daß sie diesen Wagen gesehen hatten. »Und Polizisten waren auch in dem Wagen«, fügten sie eifrig hinzu. »Aber das war schon heute morgen, und der Wagen ist bis jetzt noch nicht zurückgekommen. Das hätten wir gemerkt«, versicherten sie uns. Inzwischen waren wir in die Nähe der Kampfhandlung gekommen. Wir hörten die ersten Gewehrsalven. Während wir weiterfuhren, wurden die Schüsse immer lauter.

Es ist mit Sicherheit kein angenehmes Gefühl, wenn man dorthin fahren muß, wo scharf geschossen wird. Ich fragte mich, wie es Pfarrer Johannes zumute gewesen sein muß, als man ihn zwang, hierherzufahren, um Verletzte zu bergen. Wir fuhren jetzt noch langsamer. Wir wollten keinen Fehler machen. Und es konnte bereits ein tödlicher Fehler sein, auf einen Anruf eines Milizsoldaten nicht sofort den Wagen zu stoppen. In der Zwischenzeit waren wir buchstäblich zwischen die Fronten geraten. Das Haus des Großgrundbesitzers konnte nicht mehr weit sein. Es lag auf der linken Seite der Straße. Die Bauernmiliz hatte sich rechts von der Straße verschanzt. Als wir uns überlegten, wie wir vorgehen sollten, hörten wir ein Motorengeräusch. Wir hielten unseren Wagen an. Dann sahen wir einen grünen Landrover auf uns zukommen. Pfarrer Johannes saß am Steuer, neben ihm saßen zwei Polizeibeamte. Pfarrer Johannes hielt seinen Wagen direkt neben uns an. Unser Herz jubelte. Wir dankten Gott, drückten uns gegenseitig die Hände und fuhren gemeinsam heim zu unseren Frauen, die immer noch in großer Sorge auf uns warteten.

Umzingelt von Gewehren und Speeren

Ich drehte in meinem Büro wie wild an der Kurbel des altmodischen Telefons und versuchte das Fernamt in Ghimbi zu erreichen. Während ich kurbelte, rief ich in die Sprechmuschel: »Ghimbi, Ghimbi, bitte melden!« Dabei wanderte mein Blick über die dürftige Ausstattung meines Büros. Der Stundenplan an der Wand dominierte und die Karteikästen mit den Akten der blinden Internatsschüler. In einer Ecke standen Liebesgaben, die wir regelmäßig an Bettler verteilten. Neben der Türe befanden sich zwei einfache Holzstühle. Der Fußboden war aus Zement und das Dach mit Wellblech gedeckt. Die Minuten verstrichen, aber niemand kümmerte sich in der Vermittlung um mein Gespräch. Dabei wollte ich dringend den Gouverneur sprechen und ihn um Hilfe bitten: Wir wurden belagert!

Endlich meldete sich das Fräulein vom Amt, berichtete mir aber, daß der Gouverneur heute in Nekemte sei und erst übermorgen nach Ghimbi zurückkäme. Mit einem zweiten Telefonanruf versuchte ich Bodji zu erreichen. Bodji ist ein kleiner Ort nördlich von Ghimbi, und dort ist das Kirchenbüro der West-Synode. Aber auch dort erreichte ich niemanden, der irgendwelche Machtbefugnisse hatte. Schließlich erreichten wir einen Mitarbeiter des Präsidenten, der bereit war, einen seiner Bekannten in Ghimbi zu benachrichtigen, der wiederum den Gemeindepfarrer informieren sollte. Das Gemeindebüro hatte immer noch kein Telefon. Das bedeutete für uns – warten.

Ghimbi ist eine Kleinstadt, 440 km von Addis Abeba, im Westen Äthiopiens gelegen. Die Revolution im Lande war in vollem Gange, das ehemalige Kaiserreich wurde zu einer sozialistischen Volksrepublik umgewandelt. Wir leiteten damals eine Blindenschule der evangelischen Kirche. Wir erlebten, wie sich die Menschen veränderten. Die Religion und der Glaube an Gott hatte einmal dieses Land geprägt. Jetzt wurde die Religion lächerlich gemacht. Man lachte über die Christen. Die anerzogene Höflichkeit verleugnete man und redete jeden mit du an. Es gab keinen Respekt mehr vor dem Alter, und die Weißen wurden schnell zu Menschen zweiter Klasse. Bei einer Mai-Kundgebung auf dem Marktplatz schrie der Arbeiterführer ins Mikrophon: »Die Engländer, Amerikaner und auch Westdeutschen sind schlimmer als die Pocken! Gegen Pocken kann man sich impfen lassen, aber diese Menschen verderben unsere Kultur!« Und dann fragte er: »Sind hier etwa Engländer, Amerikaner oder Westdeutsche unter uns?« Ich war damals unter den Zuhörern auf dem Marktplatz, hatte mich aber natürlich nicht gemeldet. Im Gegensatz zu uns aus dem Westen, standen die Russen, die Kubaner und die Ostdeutschen hoch im Kurs.

Es war heiß in meinem Büro, vor dem Fenster war alles trocken und braungebrannt. Mir rann der Schweiß von der Stirne. Wir waren mitten in der Trockenzeit, und mein Büro hatte eine niedrige Decke. Dazu wirkte das Wellblechdach unseres Hauses wie ein Kuchenblech. Darunter konnte man braten. Das Dach knisterte und knackte immer wieder, wenn sich das Blech ausdehnte. Ich nahm einen Schluck Wasser, aber das war lauwarm und schmeckte nicht. Enttäuscht legte ich den altmodischen, schwarzen Hörer wieder auf die Gabel und ging zu meinen Lehrern hinaus, die auf der Veranda warteten. Dort war es etwas kühler. Ich hatte gehofft, mit dem Gouverneur reden zu können, und jetzt hatte ich nur die vage Hoffnung, daß unser Ortspfarrer zu uns kommen würde. Die Lehrer warteten gespannt darauf, was ich ihnen von den Telefonanrufen berichten konnte. Sie waren genauso enttäuscht wie ich.

Während wir uns noch ratlos anschauten, hörten wir von dem verschlossenen Haupttor her wieder das rhythmische Singen und Stampfen. Wie auf Kommando schauten wir in die gleiche Richtung. Die Männer hatten also wieder mit ihrem Singen begonnen. Zum Takt stampften sie dabei mit ihren Füßen. Das wirkte auf uns wie ein Kriegstanz. Die Männer waren Bauern aus der Nachbarschaft, die meisten von ihnen kamen aus Ghimbi-Sariti, einem Nachbardorf. Zum Wochenmarkt kamen sie immer an unserer Schule vorbei. Sie standen bereits seit einer Stunde vor dem Haupttor. Sie waren an diesem Morgen, teilweise mit Gewehren, mit Speeren oder nur mit dicken Prügeln bewaffnet, aus dem Ortsteil Sariti angekommen. Sie sangen Lieder vom Sieg der Revolution. Mit ihrer Bewaffnung sahen die Bauern furchterregend aus. So hatten wir sie noch niemals gesehen. Wir konnten ihre Zahl nur schätzen. Aber es waren mit Sicherheit weit über zweihundert Mann, vielleicht sogar dreihundert.

Ato Taye, unser Wächter, hatte die Männer vom Tor aus schon eine Weile beobachtet. Zuerst dachte er, daß sie auf dem Weg zu einer Kundgebung im Ort waren. Der Bauernverband organisierte immer wieder Kundgebungen. Es ging um die »grüne Revolution«. Als aber die Männer die letzten Meter vor dem Tor den schmalen Weg zur Schule einschlugen, merkte unser Wächter, daß die Leute zu uns wollten. Instinktiv schloß er die schweren Eisenflügel des Tores. Er hängte eine dicke Kette davor und rannte sofort zu meinem Büro. Ich sah ihn im Laufschritt kommen, das weiße Umhängetuch der Äthiopier flatterte hinter ihm her. Ato Taye war völlig außer Atem, als er von den Männern aus Sariti berichtete. Von dem Lärm angelockt, waren auch die Lehrer und Erzieherinnen in mein Büro gekommen.

Ich stand auf und wollte zu den Bauern gehen, ich wollte mit ihnen reden. Ich wollte herausfinden, warum sie um unsere Blindenschule herumtanzten. Aber die Lehrer erlaubten mir das nicht. Sie hielten mich zurück und sagten: »Wir wissen nicht, wie diese Männer heute auf einen Weißen reagieren.« Sie wollten zuerst mit den Bauern reden. Dann wollten sie mich informieren. Meine Frau und ich sahen ihnen nach.

So zogen die Lehrer den breiten Weg, der mitten durch das Schulgelände führte, hinauf zum Tor. Sie sahen sofort den Anführer. Der hatte sich aus der Menge gelöst und stand direkt vor dem Tor. Schon bevor die Lehrer bei ihm waren, schrie er ihnen entgegen: »Macht sofort das Tor auf, die Revolution übernimmt ab heute eure Schule!« Und mit gemäßigter Stimme fuhr er fort: »Euch geschieht nichts, ihr und auch eure Weißen haben nichts zu befürchten, aber euch ist ja bekannt, daß jetzt alle Gewalt dem Volke gehört, und wir sind das Volk!« Die Lehrer kannten den Anführer. Das war Ato Bayene, der hatte schon zu Kaisers Zeiten ein großes Mundwerk. Der hatte rechtzeitig sein Fähnlein nach dem Wind gedreht, als die sozialistische Revolution auch Äthiopien erreichte. Der Mann war gefährlich, da mußte man aufpassen!

Die Lehrer berieten einen Augenblick und fragten dann: »Habt ihr ein Beglaubigungsschreiben von der Bezirksregierung in Nekemte?« Draußen entstand ein Murmeln. Die Bauern hatten mit keinem Widerstand gerechnet und waren etwas verwirrt. Sie dachten, der Name Revolution würde genügen und ihnen sofort Tor und Tür öffnen. Ato Bayene wollte sich keine Blöße geben. Anstatt zu antworten, wollte er lieber Omoro-Kampflieder singen. Das würde schon helfen. Schon stimmte einer in der Gruppe ein Lied an, und die anderen fielen mit ein. Bewegung kam in die Gruppe. Kampfeslieder werden nicht nur gesungen, dazu wird auch getanzt, und schon wiegten sich die Bauern im Takt. Es war gerade Mittag, und die Sonne stand hoch am Himmel. Es war heiß, und der ganze Platz vor dem Tor war ohne Schatten.

Der Unterricht wurde für diesen Tag abgesagt, und die blinden Kinder wurden in ihre Zimmer geschickt, man wollte sie nicht beunruhigen. Uns, den Erwachsenen, war alles andere als wohl zumute. Die Bauern hatten sich jetzt in einer langen Reihe um das ganze Schulgrundstück verteilt, und so hörten wir den Gesang von allen Ecken und Enden. Während des Singens wurden die Gewehre, Speere und Knüppel kämpferisch in der Luft geschwungen. Die Belagerung der Blindenschule Ghimbi hatte begonnen. Zum Glück waren wir in der Schule gut mit Nahrungsmitteln eingedeckt. Fladenbrote konnten immer noch gebacken werden, Feuerholz gab es zur Genüge, Wasser konnten wir von der Quelle in den Wassertank pumpen, und Strom lieferte uns der eigene Generator.

Als Pfarrer Bakale über das Kirchenbüro in Bodji unseren Hilferuf gehört hatte, machte er sich sofort auf den Weg zur Schule. Er wohnte etwa zwanzig Minuten Fußmarsch von uns entfernt, gerade an der Straße nach Addis Abeba. In der Trockenzeit hatte er Not mit dem vielen Staub. Nicht nur seine Möbel und Kleider verstaubten und wurden mit einer rötlichen Schicht überzogen, sondern auch seine Bücher und Akten. Aber er hatte damals ganz schnell zugegriffen, als man ihm dieses Haus mit drei Zimmern anbot. Das Haus war billig, und wie man hörte, sollten die Preise bald steigen.

Pfarrer Bakale überlegte: Wie gut wäre es gewesen, wenn er jetzt einen Landrover hätte. Nicht für sich persönlich, sondern für die Kirchengemeinde. Dann wäre er nicht nur schneller an Ort und Stelle gewesen, sondern er hätte auch ganz anders als Autorität auftreten können. Er könnte sich auf die Motorhaube stellen und mit den Männern reden. Aber er hatte keinen Landrover. So kam er zu Fuß, und die Bauern konnten mit Recht sagen: »Was will der denn?« Der Gesang dauerte schon vier Stunden an, als sich Pfarrer Bakale den Weg durch die Menge bahnte, um mit dem Anführer zu reden. »Was wollt ihr mit der Schule?« fragte er. Dann hörte der Pfarrer zu seiner großen Überraschung, daß die Bauern der Meinung waren, man könne mit der Schule Profit machen. Mit diesem Profit wollten sie ihre landwirtschaftliche Arbeit sanieren. Pfarrer Bakale versuchte den Männern das auszureden. »Das sei ja blanker Unsinn! Mit der Schule könnt ihr nicht Geld verdienen, sondern da müßt ihr Geld reinstecken. Ja, bei dieser Schule könnt ihr nichts verdienen.« Aber Ato Bayene wollte davon nichts wissen. Die Verhandlungen dauerten bis in den späten Abend, und in der Nacht hörten wir fortlaufend die Gesänge und das rhythmische Stampfen, womit sich die Bauern immer neu selber anfeuerten.

Zur gleichen Zeit, als die Bauern uns belagerten, waren die Bettler in Ghimbi in heller Aufregung. Die Gemeinde hatte den Bettlern ein Grundstück am Rande der Stadt gegeben. Dort wohnten alle beieinander. Ato Daba und Ato Kebbede waren gerade aus der Stadt nach Hause gekommen und berichteten die Neuigkeiten. Die Zuhörerschar war ein erbärmlicher Haufen, die Ärmsten der Armen. Als ich diese Bettlerkolonie das erstemal sah, war ich den Tränen nahe. Da standen sie oder hockten vor dem langgezogenen Lehmbau, Blinde, Alte, Körperbehinderte, Leprose und Leute mit tropischen Geschwüren, mit offener Tbc oder Elephantiasis. Sie alle lauschten gespannt auf die Worte von Ato Daba. Man hätte eine Stecknadel fallen hören können, so still war es. Ato Daba und Ato Kebbede waren so etwas wie die »Tageszeitung«, sie wußten immer, was im Ort vor sich ging.

Gerade berichtete Ato Daba, daß die Bauernmiliz die Blindenschule einnehmen möchte und daß die bewaffneten Bauern schon seit gestern vor dem Tor warteten. Mit Gewehren und Speeren seien die bewaffnet. Die ganze Nacht hätten sie die Schule belagert. Ato Kebbede verkündete gerade: »Wenn das geschieht, dann ist niemand mehr da, der uns hilft, dann haben wir keine Zukunft mehr.« Diese Jammergestalten erinnerten sich nur zu gut daran, daß sie von der Schule ihre Häuser bekommen hatten, in denen sie jetzt wohnten. Früher hatten sie in zwei Hütten zwischen den Gräbern auf dem Friedhof gewohnt. Die orthodoxe Kirche hatte ihnen diesen Platz zugewiesen. Zwischen den Gräbern der Reichen, das war ihr Zuhause. Von der Schule hatten sie auch Getreide bekommen und Baumwolle zum Verspinnen. Sie dachten an die Weihnachtsfeste mit den blinden Kindern. Da wurden sie auch beschenkt. Die Weihnachtsgeschichte wurde gelesen, und die blinden Kinder sangen Lieder von der Liebe Gottes. »Vergiß nicht, daß die uns auch helfen, wenn wir krank sind«, warf Ato Daba ein. Ato Kebbede nickte eifrig mit dem Kopf und wiederholte sich: »Wenn das alles wegfällt, dann haben wir wirklich keine Chance mehr.« Die Zuhörer waren alle der gleichen Meinung. Die Blindenschule mußte ihnen erhalten bleiben. Es mußte doch einen Ausweg geben. Für einen Augenblick war es ganz still in der Runde. Dann machte Ato Daba einen Vorschlag. Er sagte: »Wir müssen alle gemeinsam einen Brief entwerfen. Wir müssen darin unser Recht verlangen und dann zu den Bauern hinausgehen. Wir müssen unseren Freunden in der Schule helfen!« Sein Vorschlag fand allgemeine Zustimmung.

Am nächsten Morgen in aller Frühe machten sich alle Behinderten, die noch gehen konnten, auf den Weg. Sie trafen sich vor dem Gerichtsgebäude im Ort. Dort gibt es Schreiber, die Bittbriefe entwerfen. Ato Daba diktierte. Zum Schluß mußte genügend Platz gelassen werden, damit alle mit ihrem Daumenabdruck »unterschreiben« konnten. Ihr Brief hatte über sechzig Unterschriften. Diesen Brief faltete Ato Daba sorgfältig und steckte ihn in seine Jackentasche. Die Jacke war notdürftig geflickt, und auch jetzt hingen noch Fetzen herunter, aber sie wärmte in der Regenzeit etwas und verlieh ihm eine gewisse Autorität!

In dieser Nacht brauchte Ato Taye, unser Nachtwächter, seinen Dienst nicht allein auszuüben. Die Lehrer übernahmen die Wache mit ihm zusammen. Alle drei Stunden übernahm ein anderer Lehrer die Aufgabe des zweiten Wächters. Das war nicht nur kurzweilig, sondern auch wichtig, man wollte nichts versäumen. Wir wollten sehen, was die Bauern taten. Aber die Belagerer wurden mit jeder Stunde, die die Nacht vorrückte, ruhiger. Auch sie wechselten sich mit der Wache ab. Alle zwei Stunden konnte sich einer von ihnen auf eine Bank legen. In den Morgenstunden, kurz nach acht Uhr, bemerkte Ato Taye eine große Schar von Leuten, die von der Stadt her kamen. Sollte das wieder ein Trupp von Bauern sein, die hier ihr Glück suchten? Ato Taye holte den diensthabenden Lehrer, der gerade in der Küche für beide einen Tee zubereitete, und dann schauten beide gemeinsam durch das geschlossene Tor. Als die Gruppe näher kam, konnte man sie erkennen. Nemomsa, der Lehrer, der mit Ato Taye wachte, kam sofort zu unserem Haus gerannt und holte uns. Gemeinsam rannten wir zurück zum Tor. Wir trauten unseren Augen nicht, aber was wir dort sahen, war Wirklichkeit:

Ato Daba und Ato Kebbede gingen voraus. Hinter ihnen humpelten oder gingen alle Bettler aus Ghimbi. Sie waren unterwegs, um uns zu helfen. Die Bauern konnten nicht verstehen, was sie da sahen. Warum waren die Bettler hier? Die meisten von ihnen hatten geschlafen. Inzwischen waren alle aufgestanden und hatten sich zu einer Gruppe formiert. Sie sahen alle gespannt zu den Bettlern hinüber, die immerhin eine Gruppe von über sechzig Leuten ausmachten. »Mal barbadu, was wollt ihr?« fragte der Anführer der Bauern Ato Daba in ihrer Muttersprache »Omoro«. Der war um keine Antwort verlegen und meinte: »Ihr kennt uns doch, wir sind die Bettler von Ghimbi. Ihr seid gekommen, um die Blindenschule einzunehmen, weil ihr denkt, daß man damit Geld machen kann. Aber ihr irrt euch. Wenn ihr die Schule übernehmen wollt, dann können die blinden Kinder und die Lehrer gleich nach Hause gehen. Oder könnt ihr die Lehrer bezahlen, könnt ihr unterrichten? Jetzt fragen wir euch ›mal barbadu‹, was wollt ihr hier?« – Die Bauern waren sichtlich verstört. Damit hatten sie nicht gerechnet. In der Tat, Ato Daba hatte recht. Sie konnten nicht die blinden Kinder unterrichten, und wenn die Lehrer gingen, dann würden alle Blinden und auch die Bettler zu ihnen kommen.

Wir sahen dem Schauspiel zu. Jetzt setzten sich die Bauern. Das war ein deutliches Zeichen dafür, daß sie sich beraten wollten. So schnell wie möglich eilte Ato Daba zu den Sitzenden und überreichte ihnen seinen Bittbrief mit allen Unterschriften. Das Schriftstück wurde laut vorgelesen, und dann gab es ein Palaver, das über eine Stunde dauerte. Meine Frau und ich standen unter der Baumgruppe neben dem Tor im Schatten. Links von uns ist der Spielplatz der Blindenschule, und einige der älteren Kinder waren trotz der Warnung herausgekommen und hörten aus einer sicheren Entfernung zu. Sie lauschten dem Palaver, und ihnen entging kein Wort. Die Tagelöhner der Schule und die übrigen Mitarbeiter aus der Küche standen ein wenig weiter weg. Sie alle warteten, wie die Belagerung ausgehen würde. Sie alle fürchteten um ihre Arbeitsplätze.

Nachdem sich die Bauern gesetzt hatten, setzten sich auch die Bettler. Sie winkten uns zu. Manche von uns hatten bislang nicht den Ernst der Lage erkannt. Aber es war in der Tat so, daß wir keinerlei Rechte hatten, die Bauern aber die Macht hatten, unsere Schule zu übernehmen. Das Palaver dauerte doch eine Weile, dann stand der Vorsitzende der Bauern auf und ging auf Ato Daba zu und meinte: »Wir haben uns jetzt alles gut überlegt. Wir glauben, daß es für alle besser ist, wenn wir wieder nach Hause gehen. Ihr habt uns überzeugt, wir wissen jetzt, daß man mit einer Blindenschule kein Geld machen kann. Wir sind auch keine Lehrer und wollen wieder aufs Feld gehen. Die Arbeit kennen wir.«

Ato Daba klatschte in die Hände. Das war das Zeichen, daß die Belagerung vorbei war. Mit großer Erleichterung öffneten wir wieder das Tor. Draußen gingen die verschiedenen Parteien aufeinander zu. Ato Daba und Ato Bayene machten den Anfang, sie schüttelten sich die Hände und gingen im Frieden auseinander. Die Bauern zogen in Gruppen nach Hause, sie waren alle müde und hungrig. Ich eilte zu den Bettlern und war tiefbewegt, daß sie es waren, die uns entscheidend geholfen hatten, nicht die amtlichen Instanzen, bei denen wir um Hilfe nachgefragt hatten. Als Ato Daba mich sah, hob er die Hände und rief: »Gott lebt!« Wir schauten uns eine Weile schweigend an. Ja, Gott lebt, das wußten wir beide, und wir hatten wieder einmal erlebt, daß Gott, unser Vater, für uns sorgt.

In der Küche waren die Vorbereitungen für das Frühstück in vollem Gange. Es rauchte aus dem Schornstein. Fladenbrote wurden frisch gebacken. Der Tee war schon fertig. So war es nur selbstverständlich, daß wir unsere Freunde und Retter aus der Bettlerkolonie zum Essen einluden, das hatten sie sich redlich verdient.

Ein Bettler stirbt

Seit dem ersten Tag in Ghimbi waren uns die blinden Straßenbettler ans Herz gelegt. Als Blindenlehrer sollten wir uns um die blinden Kinder der Wollegaprovinz kümmern. Aber wer konnte die ausgestreckten Hände der Bettler übersehen, die sich uns entgegenreckten? Wer konnte ihr Betteln überhören, wenn sie riefen: »Um Jesu willen, hilf mir«? Weil wir Tag für Tag die Bettler in ihrer Not erlebten, fühlten wir uns mit ihnen enger verbunden, als mit dem Häuptling am Ort und mit den reichen Kaufleuten aus der Umgebung. Wir gaben den blinden Straßenbettlern bei unserer täglichen Fahrt zum Markt zuerst Almosen. Nachdem wir sie alle persönlich kennengelernt hatten, luden wir sie an den Wochenenden in die Schule ein. Wir hatten für sie ein Wiedereingliederungsprogramm ausgearbeitet. Die Frauen und Männer lernten bei uns nicht nur das Lesen und Schreiben der Blindenschrift, sondern auch das Verspinnen von Baumwolle und das Weben. Danach arbeiteten sie bei uns in einer beschützenden Webewerkstatt.

An einem Wochenende kam Ato Wagjira nicht mehr zur Arbeit. Er war krank. Wir besuchten ihn und trafen eine Leidensgemeinschaft von über sechzig Jammergestalten an. Es waren die Ärmsten der Armen. Wir konnten Ato Wagjira nicht mehr retten. Er starb. Sein Wunsch war es, auf dem Friedhof der orthodoxen Kirche beerdigt zu werden. Wir versprachen ihm, daß wir uns darum kümmern wollten. Ich sprach mit dem Priester der orthodoxen Kirche. Aber der weigerte sich, Ato Wagjira zu beerdigen. Der könnte unter Umständen den geheiligten Boden verunreinigen. Denn Bettler haben keinen Vaterpriester! Ich verhandelte weiter: Wir wollten alles bezahlen; aber der Mann blieb hart. So beerdigte ich Ato Wagjira außerhalb der Friedhofsmauern. Die kleine Schulgemeinde stand herum und betete laut am Grabe des Freundes.

Die anderen Blinden und Behinderten lernten an den Wochenenden. Sie schafften die Ausbildung und arbeiteten später in unserer Werkstatt für Behinderte. Der schönste Lohn für uns war der Dank, den ein ehemaliger Bettler mit den Worten ausdrückte: »Früher war ich ein Gefangener in meiner Hütte, jetzt bin ich ein freier Mann!« Dieser Mann fühlte sich als freier Mann, weil er nicht mehr an seine Hütte gefesselt war. Er kam täglich alleine mit seinem langen weißen Stock in die Werkstatt. Er arbeitete, verdiente seinen Lohn und ging abends wieder nach Hause.

Aber noch bevor unsere Hilfe wirklich greifen konnte, erlebten wir die erste große Hungersnot im Lande. Es war die Hungersnot, die das Reich des Kaisers Haile Selassie zum Wanken brachte. Es war die Hungersnot, die der kommunistischen Revolution Tor und Tür öffnete. Damals starben die Menschen zu Hunderten. Wir erlebten es tagtäglich, wie Frauen und Männer auf der Straße vor Schwäche umfielen. Wir sammelten die verhungernden Menschen mit unserem Landrover von der Straße auf und räumten in der Schule ein Zimmer für sie ein. Damals schrieb ich an die Missionszentrale: »Wir können nicht den Armen im Lande helfen. Alle sind arm. Wir können nur den verhungernden Menschen helfen!« Aber oft kamen wir zu spät. Selbst wenn wir die Verhungernden ins Krankenhaus brachten, kam oft jede Hilfe zu spät. In dieser Zeit haben wir den grausamen Tod vieler Menschen durch Verhungern miterlebt. Und wir können die Schuld von uns Reichen im Westen nur erahnen. Jesus sagte nicht umsonst: »Was ihr nicht getan habt einem von diesen Geringsten, das habt ihr mir auch nicht getan!« Ich habe mich damals sehr mit dem Tod des Verhungerns beschäftigt. Ich habe mir vorgestellt, was in den Menschen vor sich geht, wenn ihr Körper immer schwächer wird. Damals habe ich aufgeschrieben, wie ein Bettler stirbt:

> Der Mann wohnt in einem Verschlag auf der Veranda eines reichen Kaufmannes. Seine Habseligkeiten sind schnell aufgezählt: ein Stock, verschiedene Lumpen, mit denen er sich kleidet, dazu verschiedene leere Dosen, meist noch etwas Schnur und vielleicht auch noch ein Beutel. Barfuß, mit offenen Wunden an den Beinen, erlebt er die Trockenzeit. In dieser Zeit baucht er keine Decke. Das ist die Zeit, in der es eigentlich einfach ist zu betteln. Die Leute haben sich bei der letzten Ernte gut mit Lebensmitteln eingedeckt. Davon geben die Muslime und die Christen ab. Betteln

darf, wer behindert ist, wer krank ist oder alt. Der Bettler kommt ohne große Schwierigkeiten durch die Trockenzeit. Natürlich hat er auch keine Illusionen mehr. Ein Tag vergeht wie der andere. Es gibt keine Höhepunkte, nur Tiefen. Jetzt beginnt die Regenzeit, und es wird kälter. Bis zur nächsten Ernte sind es noch drei bis vier Monate. Die Dorfbewohner müssen sich bei ihren Mahlzeiten jetzt ein wenig einschränken. Im Grunde reicht das Essen nur noch für die eigene Familie. Sie können nicht mehr abgeben. Der Bettler, der krank ist oder blind oder gelähmt, ist von den Almosen der Dorfgemeinschaft abhängig. Er erlebt den Anfang der Regenzeit schon mit vielen Einschränkungen. Er konnte sich nie mit der Feinkost der Reichen satt essen. Aber während er sich in der Trockenzeit wenigstens einmal am Tage mit einem trockenen Fladenbrot und Wasser satt essen konnte, muß jetzt ein Essen für zwei Tage reichen. In den Häusern, in denen er bettelt, sagt man ihm unmißverständlich: »Komm nicht jeden Tag!« Langsam verliert der Bettler seine Widerstandskraft. Unmerklich wird er schwächer. Wenn ein weiterer Monat verstrichen ist, müssen auch die Dorfbewohner ihre Rationen strecken. Die Leute können noch weniger abgeben. Die gleiche Menge, die der Bettler in der Trockenzeit an einem Tag bekam, muß jetzt für drei Tage reichen. Sein Körper ist ausgemergelt, und er wird immer schwächer.
Jeder Dauerregen und jedes Gewitter, bei dem die Temperaturen drastisch fallen, sind für ihn eine Gefahr. Seine Widerstandskraft reicht nicht mehr aus, die Decke wärmt ihn nicht mehr. Er kann jetzt nur noch zwei- oder dreimal in der Woche seinen Schlafplatz verlassen. Die Kniegelenke und Ellenbogen werden dick, die Glieder sind ausgemergelt. Sein Gesicht wird totenkopfähnlich. Nur die Adern an den Schläfen stechen hervor, der Blick wird stumpf. Wenn der Bettler immer schwächer wird, muß auch der Dorfbewohner seine Mahlzeiten weiter strecken. Es sind immer noch zwei Monate bis zur nächsten Maisernte. Dem Bettler ist der nagende Hunger, das krampfende Gefühl im Magen zu einer Selbstverständlichkeit geworden.

Seine Haut wird immer faltiger, der Körper wird immer schwächer. Das Leben bäumt sich gegen das Sterben auf, keiner will sterben! Die Tage und Wochen zerrinnen für den Bettler immer langsamer. Die Nächte werden immer länger, und die Sehnsucht wird größer. Die Sehnsucht wonach? Nach Wärme oder Sattessen oder Mitleid oder Gesundheit, Heilung von seinen Gebrechen oder die Sehnsucht nach einem Fest, nach Lachen und Freude.
Die letzten Tage des Bettlers sind angebrochen. Er kann jetzt praktisch nicht mehr aus der Hütte gehen, und niemand vermißt ihn auf der Straße. Er war ja doch nur ein Ärgernis, einer, der von der Arbeit aufhielt, der immer etwas wollte und niemals etwas gab. Er reißt die letzten Kräfte zusammen. Er will auf die Straße gehen, um sich ein Stück Brot oder ein Fladenbrot zu erbetteln. Er will nicht sterben. Aber als er nur wenige Schritte von seiner Hütte entfernt ist, muß er den Versuch aufgeben. Dabei hatte er sich gedanklich gut vorbereitet. Er wollte zuerst zu den parkenden Autos gehen, wie früher, und danach in die Kaffee-Häuser. Da sind immer reiche Menschen zu finden, und da wird er einen warmen Schluck Tee bekommen und etwas zu essen. Aber er wankt, er muß sich an den Straßenrand setzen und kommt nicht mehr hoch. Die Augen schauen leer geradeaus, sie haben die Hoffnung verloren, das Leben scheint zu erlöschen. Und es erscheint wie Hohn: Da gibt ihm jemand einen Teil eines Fladenbrotes und hat damit sein Gewissen beruhigt. Aber hilft hier noch eine Inschera? Es ist kalt, und es regnet. Niemand nimmt ihn in seine Hütte ans Feuer. Niemand gibt ihm einen warmen Tee, niemand beachtet ihn. So versucht er, wieder nach Hause zu gehen. Wohin? In seinen Schlupfwinkel, zu den Fetzen Stoff, die vielleicht ein wenig Wärme geben. Dorthin verkriecht er sich und schiebt gierig die Stücke Fladenbrot in den Mund. Er schläft ein, das alles hatte ihn zu sehr angestrengt. Der letzte Tag im Leben des Bettlers ist angebrochen. Er öffnet die Augen, es regnet und ist kalt. Er ist hungrig, und die Umwelt dreht sich vor seinen Augen. Er will wieder in die Stadt gehen. Da bekam

er gestern ein Stück Fladenbrot. Er will aufstehen und fällt immer wieder um. Er kann nicht mehr unterscheiden, ob er wirklich versucht aufzustehen oder ob er es nur noch in Gedanken tut. Sein Körper liegt kaputt am Boden. Nur die Gedanken sind noch da und kreisen um Bekannte, um Essen und um die Kirche. Um die reichen Ausländer und um die Tatsache, daß er keine Freunde hat. Was lehren die Kirchen, worüber predigen die Pastoren? Liebe, Brot zum Essen, von Hilfe, davon, daß Gott die Liebe ist? Er versucht, das zu verstehen und verzweifelt, weil er keine Liebe kennt, keine Hilfe, kein Brot, keinen Gott. Warum lügt die Kirche? Dies sind seine letzten Gedanken, während er stirbt, verhungert. Er, der leben wollte und ein Recht auf Leben hatte – er ist nun tot.

Umsturz im Touristenland

Der Präsident des internationalen Blindenverbandes wartete schon mit der Aktentasche vor dem Hotelportal in Nairobi, als ich mit dem Wagen vorfuhr. Mit seinem hellen Anzug stach er von den in »Safari-Kluft« gekleideten Touristen ab. Wie immer, war er tadellos gekleidet. Durch seine Goldrandbrille überprüfte er die an- und abfahrenden Fahrzeuge. Als er mich sah, winkte er kurz. Er ist Pünktlichkeit gewohnt. Wir waren an diesem Vormittag beim Kultusministerium zu ersten Gesprächen über eine internationale Konferenz angemeldet. Auf dem Weg wollten wir das Konferenzzentrum besichtigen. Vertreter des Ministeriums für Tourismus wollten uns dort treffen. Wir planten eine Weltkonferenz für Blindenpädagogen. Über achthundert Delegierte aus sechsundachtzig Ländern sollten in das Kenyatta-Konferenz-Zentrum eingeladen werden. Zum erstenmal sollte ein afrikanisches Land die Gastgeberrolle übernehmen. Die Republik Kenia war mit Recht stolz auf diese Auszeichnung. Am 2. August sollte die sechstägige Konferenz beginnen.

Nach einer kurzen Fahrt durch die Innenstadt sahen wir das Konferenzzentrum mit dem hohen Turm und dem pilzartigen Plenarsaal vor uns liegen. »Die Vorbereitung der Konferenz wird langwierig sein, da gibt es viel zu tun. Eine Weltkonferenz ist kein Pappenstiel«, meinte mein Gast, als uns ein Wachmann den Weg durch das Tor freigab. Unsere kenianischen Gesprächspartner warteten schon auf uns. Wir waren von der Perfektion des Zentrums beeindruckt. Die Konferenz würde sicherlich ein großer Erfolg werden. Nach einer ausführlichen Besichtigung fuhren wir weiter zum Außenministerium. Es war inzwischen schon einige Minuten nach zehn Uhr. Wir waren für halb elf ins Ministerium geladen. Unser Hauptanliegen war es, den Delegierten aus Israel die Einreise zu ermöglichen. Kenia hatte damals, wie die anderen afrikanischen Staaten auch, keine diplomatischen Beziehungen zu Israel. Bürger aus Israel und Südafrika dürfen nicht nach Kenia einreisen; so hießen die Bestimmungen. Aber wir sagten uns: Zu einer internationalen Konferenz müssen Delegierte aus allen Ländern der Erde eingeladen und auch willkommen geheißen werden. Sonst ist es eben keine internationale Konferenz. Im Ministerium hatte man für unser Anliegen ein offenes Ohr. Man würde einen Weg finden, hieß es. Wir würden in Kürze Bescheid bekommen. Damit hatten wir unser Ziel erreicht. An der Türe gab es noch einen freundlichen Händedruck, dann waren wir entlassen. Es grenzte fast an ein Wunder, schon nach zwei Tagen hatten wir die schriftliche Zusage, daß auch Delegierte aus Israel zu dieser Konferenz willkommen waren.

In den folgenden Wochen und Monaten gab es viel Hektik in der Planung der Konferenz. Die Ministerien, die Polizei, der Zoll und die Stadtverwaltung arbeiteten alle eng zusammen. Der Tourismus versprach sich nicht nur einen Zuwachs in der Belegung von Hotelbetten, sondern auch einen Gewinn für den Einzelhandel. Touristik-Unternehmen waren bereit, »Sondertarife« zu geben, und Autovermieter machten attraktive Angebote. Am Internationalen Flugplatz wurde ein Sonderschalter für die Konferenzbesucher eingerichtet. Mehrsprachige Hostessen kämmten den Flugplatz nach Gästen durch, die sich unter Umständen verlaufen hatten. Die Busfahrer der Hotels überprüften die Abhollisten. Die Fahnen der Teilnehmerländer flatterten schon vor dem Konferenzzentrum im Wind. Die Delegierten sollten gleich bei der Ankunft ihre Nationalfahnen entdecken können. Die verschiedenen Konferenzräume und die Übersetzeranlagen wurden noch einmal überprüft. Die Konferenz sollte ein Fest werden. Endlich war es soweit, alles Menschenmögliche war getan. Alle Vorbereitungen waren abgeschlossen. Es war Samstag abend. In der Nacht sollten noch die letzten Delegierten aus Japan, Taiwan, der UdSSR und vom Senegal ankommen. Der Abholdienst funktionierte gut.

Am Sonntag sollte die Registrierung der Delegierten nach dem Gottesdienst beginnen. Es gab viele Sonderwünsche. Der Delegierte aus Argentinien wollte unbedingt vor dem Redner aus England zu Wort kommen. Der Falklandkrieg war noch in vollem Gange. Eine Dame aus Haifa reiste empört wieder ab, weil auch die Palästinenser Abgeordnete geschickt hatten. Es schien manchmal unmöglich, es allen Delegierten recht zu machen. Die Welt ist viel zu zerstritten!

So war es schon reichlich spät, als wir endlich ins Bett kamen, und es dauerte lange, bis ich endlich schlief. Die Konferenz, die Anmeldung, all die vielen Details geisterten mir immer noch im Kopf herum. Ich schlief unruhig. Als der Morgen dämmerte, weckten mich Gewehrsalven. Es war zehn Minuten vor sechs Uhr. Mein erster Gedanke war: Das darf doch nicht wahr sein, das ist sicherlich eine Sinnestäuschung. Aber ich hörte es ganz deutlich, es gab keinen Zweifel mehr, da wurde geschossen. In der Zwischenzeit war auch meine Frau aufgewacht und meinte: »Das klingt ja wie in Äthiopien während der Revolution!« Wir setzten uns im Bett auf und hörten ganz deutlich das Knattern von Maschinenpistolen und Gewehrsalven. Der Kampflärm kam näher. Es schien, als ob eine Einheit von Soldaten die »Valley Road« heraufkam und gleich neben uns in die »Ngong Road« einbog. Im Nu waren wir aus dem Bett und hatten uns angezogen. Ich sagte zu meiner Frau: »Die Soldaten wollen sicherlich zum Haus des Präsidenten.« Der wohnte schräg gegenüber von uns. Dann überlegte ich mir: Wenn die Soldaten tatsächlich hierher unterwegs sind, dann sind die Gerüchte der letzten Zeit, die immer wieder von einem Militärputsch redeten, wahr geworden. Dann sind wir mittendrin in einem Putsch, in einer Revolution.

Ich ging vor die Haustüre, um nach unserem Wächter zu sehen. Eine Sicherheitsfirma garantierte uns eine Bewachung des Grundstücks rund um die Uhr. Aber das Wächterhaus stand leer, das Tor zu unserem Grundstück stand sperrangelweit offen. Ich verschloß das Tor sorgfältig mit einer Kette und ging wieder ins Haus zurück. Kurz nach sechs Uhr kam Simon, unser englischer Nachbar, über den Zaun gesprungen. Das Tor war ja geschlossen. Er war noch nicht ganz angezogen. Barfuß war er schnell in seine Sandalen geschlüpft, das Hemd trug er über der Hose, die Haare waren zerzaust. Er hatte das Radio eingeschaltet und war noch ganz außer sich. Es dauerte eine Weile, bis ich verstand, was Simon sagen wollte: Die Luftwaffe hatte geputscht, und eine Militärregierung hatte sich über das Radio gemeldet. Der Präsident der Republik Kenia, Arap Moi, sei abgesetzt, so hieß es in den Nachrichten. Jetzt lauschten wir gemeinsam der Stimme des neuen Machthabers: »Mitbürger, bleibt ruhig, bleibt bitte alle ruhig! Alles ist unter Kontrolle.« Aber wir konnten seinen Worten nicht so recht Glauben schenken, denn im Hintergrund hörten wir aus dem Studio des Rundfunks das ständige Knattern von Maschinenpistolen. »In sechs Stunden fängt die Konferenz an«, meinte Simon. »Aber daraus wird wohl nichts«, sagten wir beinahe wie aus einem Munde.

Den ganzen Tag über wechselten die Nachrichten. Man konnte sich kein rechtes Bild davon machen, was wirklich geschehen war. Dafür gab es mehr Gerüchte, als uns lieb waren. Wir klammerten uns an die Nachricht, daß der Präsident weiterhin im Amt sei und daß die Revolte zerschlagen sei. Den ganzen Tag über hockten wir vor dem Radioapparat und versuchten Neuigkeiten zu hören. Zu essen hatten wir nur Nüsse und Getränke. Über das ganze Land wurde ein Ausgangsverbot verhängt. Gegen Abend hieß es im Radio, daß die Rebellion zerschlagen sei. Die Ausgangssperre galt nur noch für achtzehn Stunden täglich. Von zehn Uhr morgens bis sechzehn Uhr nachmittags durfte man das Haus verlassen. Wir hatten schon gestern immer wieder telefonisch versucht, das Gästehaus unserer Mission zu erreichen, aber ohne Erfolg. Dort wohnten zwei unserer Konferenzsekretärinnen. Sie sollten die Referate simultan übersetzen. Mit ihnen wohnten drei weitere Helfer im Gästehaus.

Spät in der Nacht klappte endlich die Verbindung, und wir konnten miteinander reden. Mit großer Erleichterung hörten wir, daß alle unsere fünf Mitarbeiter wohlauf waren, aber völlig verängstigt. Sie waren zum erstenmal in Afrika und wußten nicht, wie sie diese Situation einordnen sollten. Wir entschieden uns, sie sofort zu uns zu holen. Wir konnten noch enger zusammenrücken. Um ins Gästehaus zu kommen, mußten wir durch die ganze Stadt fahren. Ich machte mich mit meiner Frau auf den Weg. Wir starteten unseren Wagen und fuhren ganz langsam hinaus zur Ngong Road.

Wir wohnten in einem Außenbezirk von Nairobi, eine kleine Wegstrecke vom Zentrum entfernt. Das Gästehaus der Mission liegt in der entgegengesetzten Richtung. Um dorthin zu gelangen, mußten wir die »Valley Road« hinunterfahren. Wir fuhren mit unserem Toyota diese Straße besonders langsam hinunter. Ich hielt meine Ausländer-Registrierung und den Führerschein mit einer Hand gut sichtbar an die Windschutzscheibe. Das war Vorschrift. Die Fenster hatten wir weit geöffnet, um sicher zu sein, die Befehle der Soldaten an den Straßensperren nicht zu überhören. Wir redeten nichts. Vor der Kirche der Pfingstgemeinde sahen wir die ersten Militärfahrzeuge und Soldaten. Die regierungstreuen Truppen suchten fieberhaft nach Aufwieglern. Sie durchkämmten die Stadt systematisch. Armeefahrzeuge blockierten die Straßen. Wir konnten nur am äußersten Straßenrand fahren. Durch die Nachrichten wußten wir jetzt, daß die Luftwaffe die Revolution angezettelt hatte. Aber die regierungstreuen Bodentruppen hatten den Aufstand zerschlagen. Jetzt suchte man versprengte Rebellen, die sich immer noch in der Stadt versteckt hielten.

Im Volksmund nennt man die Straße »Death Valley«, das heißt Todestal. Eigentlich heißt sie nur Talstraße, aber die vielen tödlichen Verkehrsunfälle haben ihr den traurigen Beinamen gegeben. An der Tankstelle beim PAN AFRIC HOTEL sahen wir Keniander auf dem Bauch liegen. Sie hielten ihren Personalausweis in die Luft. Soldaten bewachten die Gruppen. Man suchte Schuldige und Kolaborateure. Überall sahen wir zerbrochene Schaufenster. In jenen Tagen wurde viel geplündert. Die Leute holten sich, was nicht niet- und nagelfest war. Der Mob bereicherte sich in den Tagen des Umsturzes. Wir sahen Hunderte von Kenianern mit neuen Koffern. Fernsehapparate wurden in den Busch transportiert, obwohl es dort keinen Strom gibt. Gewalt hatte in den letzten Stunden geherrscht. Auf der Straße lagen die Überreste der Plünderungen. Die indische Bevölkerung hatte besonders zu leiden. Ihre Häuser wurden systematisch geplündert. Asiaten sind in Ostafrika verhaßt. Sie sind geschäftstüchtig und machen die großen Geschäfte. Dazu bleiben sie unter sich und vermischen sich nicht mit den Schwarzafrikanern. Man sagt: »Die wollen was Besseres sein!« Im Gegensatz zu den Weißen, sieht man in ihnen Ausbeuter. Weiße wurden bei dieser Revolution verschont. Banden von Plünderern, die die Häuser durchsuchten, erkundigten sich zuerst, ob in dem Haus wirklich keine Europäer wohnten.

Mit großem Hallo wurden wir im Gästehaus von unseren Mitarbeitern begrüßt. Anschließend brachten wir sie sicher zu uns nach Hause. Wir brauchten für den Umzug zwei Fahrten. Das dauerte sehr lange, weil wir jedesmal durch die vielen Kontrollen fahren mußten. Die Soldaten durchsuchten die Zivilisten mit großer Gründlichkeit. Jetzt waren unser Haus und das Haus unseres Nachbarn übervoll belegt. Im Nachbarhaus gab es zwei Betten, und wir rückten zusammen. Zwei meiner Kollegen aus Indien und Malaysia schliefen je auf einem Sofa. Wir hatten wohl ein großes Wohnzimmer, aber nur ein Gästebett. Seit dem zweiten Tag der Ausgangssperre machte sich meine Frau darüber Sorgen, wie wir all die Gäste verköstigen sollten. Natürlich waren die Geschäfte immer noch geschlossen. Wohl waren drei Mitarbeiter bei unseren Nachbarn untergekommen, aber die hatten auch keine Vorräte angelegt. Wir wollten unseren Freunden während der Konferenz Nairobi zeigen und hatten einen genauen Essensplan vorbereitet, in welchen Restaurants wir essen wollten. Nun war alles anders gekommen, und wir kramten in den Vorratskammern. Kekse, Dosengemüse, Dosensuppen, Corned beef und Spaghetti hatten wir, dazu jede Menge Sprudel und Säfte. Unvermutet bekamen wir Hilfe. Eine Kollegin, die drei Straßen weiter wohnte, wußte, daß wir viele Gäste im Hause hatten. Sie kam und brachte uns Reis und Brot.

Die Konferenzleitung war in einem Hotelturm im Stadtzentrum untergebracht. Bei den ersten Schüssen war das gesamte Personal aus Angst verschwunden. Wer konnte ihnen das verdenken? Sie hatten alle eine Familie in den Vororten von Nairobi, und dort wollten sie nach dem Rechten sehen. Das bedeutete aber für die Hotelgäste, daß es im Hotel keine Dienstleistungen mehr gab. Wir konnten den Präsidenten der Konferenz zum Beispiel nicht in seinem Hotel anrufen, die Telefonzentrale war nicht besetzt. Glücklicherweise konnte er von seinem Zimmer aus telefonieren. So waren wir stündlich in Kontakt miteinander und konnten uns in allen wichtigen Entscheidungen absprechen.

In seinem Hotel gab es auch nichts zu essen. Wohl waren die Speisekammern voll, aber niemand kochte, bis ein deutscher Tourist die Initiative ergriff und einen Essensdienst einrichtete. Freiwillige trafen sich in der Küche, und schon nach wenigen Stunden gab es eine erste warme Mahlzeit. Getränke und Essen konnten dreimal täglich im Speiseraum eingenommen werden. Alle Hotelgäste halfen beim Servieren und beim Küchendienst.

Es mußte dreimal täglich abgewaschen werden. Wohl noch nie haben Gäste in einem renommierten Hotel selber Hand anlegen müssen. Aber während einer Revolution geht es ums reine Überleben. Die anderen Mitglieder des Planungsteams waren in anderen Hotels untergekommen. Auch dort sah es ähnlich aus. Immer fand sich ein beherzter Gast, der das Kommando übernahm. In allen Hotels gab es genügend zu essen und zu trinken. Es ging wie in Pensionen mit Selbstverpflegung zu.

Neun Frauen und Männer gehörten dem Planungsteam an. Vier von ihnen wohnten bei uns im Haus, und fünf wohnten in Hotels in der Innenstadt. Wir wollten uns am Dienstag um vierzehn Uhr im Zimmer des Präsidenten treffen. Uns bewegte die Frage, ob wir die Konferenz absagen oder den Beginn noch ein wenig verschieben sollten. Glücklicherweise funktionierte in seinem Hotel noch der Fahrstuhl, sonst hätten wir über das Treppenhaus bis in das zwölfte Stockwerk klettern müssen. Wir trafen nacheinander zu der Besprechung ein. Wir wurden schon erwartet. Die Sitzung verlief ruhig und sachlich. Der Präsident war gut vorbereitet. Er hatte auch Getränke aus der Küche besorgt. Dazu gab es Hartwurst und Schinken aus Deutschland. Das war eigentlich ein Mitbringsel für Freunde gewesen, aber jetzt hatten wir zuerst einmal selber Hunger.

Nach langem Überlegen war die Entscheidung endlich gefallen. Wir wollten es trotz aller Probleme wagen und am nächsten Tag mit der Konferenz beginnen. Die Lage hatte sich sichtbar gebessert. Die Regierung schien die Zügel wieder fest im Griff zu haben. Jetzt galt es nur noch, versprengte Rebellen aufzufinden. Wir sahen in der Stadt viele Reinigungstrupps. Hunderte von neuen Besen waren zu sehen. Zaghaft öffneten auch die ersten Geschäfte wieder ihre Türen, aber in den meisten Geschäften gab es nichts zu kaufen, sie waren ausgeraubt. Es hieß, daß auch im Industriegebiet wieder stundenweise gearbeitet werden würde. Das Ausgangsverbot galt jetzt nur noch für zwölf Stunden. Es schien, als ob sich das Land sehr schnell von dem Schock des Umsturzversuches erholte. Der Präsident von Kenia, Daniel Arap Moi, hatte mit einer staatsmännischen Geste alle Gerüchte Lügen gestraft. Schon am Montag, dem Tag nach dem Putsch, hatte er sich in einem offenen Wagen durch die Stadt fahren lassen, um zu zeigen, daß er die Regierung fest in der Hand hielt.

Unsere Sitzung war zu Ende. Wir fuhren wieder mit dem Lift hinunter und trafen uns vor der ausgestorbenen Rezeption. Dort verabschiedeten wir uns und freuten uns schon auf den kommenden Tag, den Beginn der Konferenz. Wir machten uns auf den Weg, jeder in sein Hotel. Als wir aus dem Hotel traten, erschien uns die Stadt und die Hauptgeschäftsstraße wie ausgestorben. Ich blickte noch einmal kurz zur andern Straßenseite zur Standard Bank. Auf dem Platz zwischen der Bank und dem Hotel spielt sich sonst das Leben der Großstadt ab. Die Stadt schien menschenleer. Es waren nur wenige Schritte zu unserem Wagen. Wir hatten ihn genau vor dem Schaufenster der spanischen Fluggesellschaft IBERIA geparkt. Es war wirklich nur ein Katzensprung. Doch auf einmal donnerte ein vollbesetzter Armeelastwagen direkt auf uns zu, der Fahrer bremste scharf, das Fahrzeug hielt direkt neben uns. Wir sahen zu, wie die Soldaten vom Wagen absprangen. Sie gehörten zur Eliteeinheit der Armee. Sie knieten direkt neben uns auf dem Gehweg nieder, hatten die Gewehre im Anschlag und fixierten ein Ziel gegenüber bei der Standard Bank. Sie ignorierten uns völlig. Sie schauten unentwegt hinüber zur Bank. Dort hatten sich Rebellen versteckt. Es dauerte nur einen kurzen Augenblick, dann bewegte sich etwas drüben in der Bank. Die Soldaten reagierten schnell, Schüsse wurden ausgetauscht.

Wir waren auf einmal genau im Kreuzfeuer dieser Operation. In panischer Angst rannten wir die wenigen Schritte zu unserem Auto, der Schußwechsel wurde heftiger, ich öffnete die Türe auf der Fahrerseite und die hintere Türe gleichzeitig. Wir drängten und zwängten uns in den Wagen. Der Feueraustausch hielt immer noch an. Wir waren insgesamt sechs Personen. Ich hatte den Motor schon laufen, lange bevor die Türen geschlossen waren. Wir hatten am Rande einer dreispurigen Einbahnstraße geparkt, konnten aber nicht weiterfahren, denn vor uns waren die Rebellen. Die Schießerei dauerte immer noch an. Ich wendete den Wagen mit quietschenden Reifen auf der Einbahnstraße und beschleunigte in einer Linkskurve, bis wir aus dem Gefahrenbereich waren. Die hintere Türe war immer noch nicht geschlossen, Bill hielt die

Türe mit einer Hand fest, sein linkes Bein hing immer noch draußen.

So schnell ich konnte raste ich mit dem Wagen die Mama Ngina Road hinunter, bis es um uns ruhiger wurde. Dann bog ich zum Hotel SIX EIGHTY ein. Dort setzten wir unsere zwei Kollegen ab und fuhren so schnell wie möglich nach Hause. Die Angst saß uns immer noch im Nacken. Obwohl wir auf der ganzen restlichen Fahrt keinem einzigen Soldaten mehr begegneten, hielt die Spannung an. Es dauerte eine geraume Weile, bis wir wieder miteinander redeten. Uns war klar, daß wir wieder einmal dem Tode nur knapp entronnen waren. Erst jetzt war uns bewußt, daß wir schon, als wir aus dem Hotel traten, im Schußfeld der Rebellen gewesen waren. Wie leicht hätten sie uns treffen können. Noch lange redeten wir von diesem Erleben und dankten Gott für diese Errettung.

Die Konferenz konnte tatsächlich am Mittwoch beginnen, dauerte am Ende aber nur zwei Tage. Viele Delegierte hatten in großer Angst mit dem nächstbesten Flugzeug Kenia wieder verlassen. Sie flogen fort, sobald der internationale Flugplatz geöffnet war. Die einzigen Delegierten, die wirklich bis zum Ende ausharrten, waren die Engländer und die Argentinier. Aber die hatten gerade den »Falkland-Krieg« hinter sich. Die waren Kämpfe gewohnt.

Die Verantwortlichen haben die Nairobi-Konferenz nicht so schnell vergessen. Und ich denke, auch Kenia ist seit diesem Umsturzversuch nicht mehr das ruhige, sichere Touristenparadies. In diesen wenigen Tagen haben viele Menschen Schuld auf sich geladen. Menschen haben geraubt und gemordet. Bei Revolutionen gibt es keine Moral. Da herrscht das Gesetz des Stärkeren. Wir haben uns in den folgenden Wochen und Monaten immer wieder gefragt, ob nicht auch die uns bekannten Kenianer bei den Plünderungen mit dabei gewesen sind. Ob sie sich auch an fremdem Gut bereichert hatten? Wir sind mißtrauisch geworden. Wir hatten erlebt, wie unschuldige Menschen in tiefes Leid gestürzt wurden. Besonders asiatische Familien wurden gequält. Ich fragte mich, ob auch Christen unter den Plünderern waren? Es hat eine Weile gedauert, bis wir wieder allen Kenianern ohne Vorurteile begegnen konnten. Wir wurden erst wieder froh und dankbar, als wir daran erinnert wurden, daß Jesus alle Schuld auf sich genommen hat. Auch diese Schuld!

Sandsturm in der Wüste

Ein Hilferuf kommt aus Atbara. Die kleine christliche Gemeinde hat sich geistig behinderter Kinder im Ort angenommen. Sie brauchen dringend fachliche Unterstützung. Ein junges amerikanisches Ehepaar ist nach Atbara gekommen. Die Frau unterrichtet zwölf behinderte Kinder in ihrer eigenen Wohnung. Ein Zimmer hat sie mit Sitzmatten zu einem Klassenzimmer umgestaltet. Sam Newman ist von der Universität Atbara angestellt. Seine Frau ist Lehrerin für geistig behinderte Kinder. Sie hat dieses kleine Projekt in der christlichen Gemeinde angefangen. Wir wollen Atbara besuchen, um zu sehen, wie wir am besten helfen können. Aber um nach Atbara zu kommen, müssen wir zuerst nach Khartum fliegen.

Die Stadt Khartum ist legendenumwoben. Hier kämpfte Abessinien in seiner Frühzeit unter König Ezana um seine Vorherrschaft und besiegte den nubischen König von Meroe im dritten Jahrhundert nach Christus. Steintafeln in Griechisch, Arabisch und Geez, der damaligen Sprache Äthiopiens, verkünden seinen Sieg. Sein Königreich erstreckte sich vom Jemen bis zum Sudan. König Ezana betete die Götter Südarabiens an, bis er Christ wurde. Dann wurde das Christentum zur Staatsreligion erhoben. Ein sichtbares Zeichen seiner Bekehrung zum Christentum war ein Kreuz auf der Rückseite der Münzen. In Khartum entstanden Kirchen, später auch Moscheen. Ende des 19. Jahrhunderts war der Sudan wieder Schauplatz von Kriegen. Als Kolonie der Engländer siegte wieder das Christentum. General Gordon wurde Gouverneur. Die Zeichen des frühen Christentums sind im National-Museum in Khartum ausgestellt. Heute ist der Norden des Sudan muslimisch; der Süden ist christlich.

Heute wird im Sudan wieder gekämpft. Die muslimische Regierung im Norden geht gegen die Christen im Süden mit äußerster Brutalität vor. Der Regierung ist es natürlich nicht entgangen, daß die schwarze Bevölkerung im Südsudan sich nicht dem Islam unterworfen hat. Dort im Süden des Landes hat die muslimische Regierung keinen Einfluß. Es arbeiten dort auch christliche Missionen. Diese kamen nach dem Bürgerkrieg in den sechziger Jahren und halfen beim Wiederaufbau. Heute geht es der Regierung um weit mehr als nur um politisches Prestige. Es sind nicht nur die Christen, die sie stören. Im Süden des Landes gibt es Erdöl, und das soll in den Norden fließen.

Um die Christen im Südsudan mürbe zu machen, wurde die Scharia, das muslimische Recht, eingeführt. Die Christen werden jetzt nach dem muslimischen Recht abgeurteilt. Das gibt böses Blut! Befreiungsorganisationen haben sich formiert. Der bewaffnete Kampf ist in vollem Gange. Das Militär aus dem Norden verfolgt die Christen mit seiner ganzen militärischen Stärke. Die Christen haben keine Heimat mehr. Sie fliehen aus ihrer Heimat in die Nachbarländer und in den Norden, und sie verstecken sich. Manch einer verleugnet seinen Glauben, um nur am Leben zu bleiben. Christliche Flüchtlinge in Khartum müssen ihren Glauben verraten, um auch nur als Diener bei reichen Muslimen arbeiten zu dürfen. Viele verdienen sich ihren Lebensunterhalt damit, daß sie die Toiletteneimer der reichen Muslime in der Nacht leeren. Es gibt nicht überall in der Stadt eine funktionierende Kanalisation. Ich habe von einem katholischen Missionar gehört, der auf dem Marktplatz von Juba öffentlich ausgepeitscht wurde, weil er eine Flasche Abendmahlswein in seinem Aktenkoffer bei sich trug. Wir sollten viel mehr im Gebet an diese Christen denken. Sie leben in ständiger Gefahr und werden um ihres Glaubens willen verfolgt.

Die Stadt Khartum ist eigentlich nicht nur eine Stadt, sondern es sind die drei Städte: Omdurman auf der Westseite des Nil, Khartum zwischen dem Weißen und dem Blauen Nil und Nordkhartum. Hier fließen der Weiße Nil aus Uganda und der Blaue Nil aus Äthiopien zusammen. Omdurman ist durch seinen Kamelmarkt berühmt geworden. Der Lebensrhythmus in dieser Metropole ist völlig anders als der von europäischen Hauptstädten. Wegen der Hitze gibt es in der Geschäftswelt eine lange Mittagspause. Dafür sind die Geschäfte auch am Abend geöffnet. Ich habe mich immer wieder als Besucher an den Einkaufsmöglichkeiten spät am Abend gefreut. Die Geschäfte öffnen eigentlich erst nach Sonnenuntergang, wenn es etwas kühler ist. Am Nachmittag ist es einfach zu heiß.

Die Hitze schlägt uns ins Gesicht, als wir die Treppen des Kurzstrecken-Jets der Ethiopian Airlines hinuntersteigen. Schweißperlen bilden sich sofort auf der Stirne. Wir kommen von Addis Abeba, und dort ist es in 2 700 Metern über dem Meer angenehm kühl, manchmal zu kühl in der Regenzeit. Hier im muffigen Flugplatzgebäude herrscht das absolute Chaos. Die Koffer werden von Flugplatzangestellten per Hand vom Flugzeug in die Ankunftshalle getragen und auf einen kniehohen Abfertigungstisch gestellt. Wir versuchen einem Zollbeamten, der ein mangelhaftes Englisch spricht, klarzumachen, daß wir nichts zu verzollen haben. Aber der will seine Arbeit richtig tun und durchwühlt all unser Gepäck mit Hochgenuß. Der Koffer klafft weit offen, Kleidungsstücke hängen heraus. Es dauert eine ganze Weile, bis wir den Koffer wieder ordentlich schließen können. Bevor wir unsere Gepäckstücke herunterwuchten können, greifen viele schwarze Hände der Träger danach. Die wollen sich mit ein paar Handgriffen Geld verdienen.

Die zweiseitigen Einreiseformulare sind in Englisch und Arabisch gedruckt. Jeder Besucher des Sudan muß zwei Formulare ausfüllen, aber es gibt kein Kohlepapier. Bei der heißen, abgestandenen Luft in der Ankunftshalle stöhnt jeder. Jeder der Reisenden ist völlig naßgeschwitzt. Die schwüle Luft macht uns müde. Wir sind dankbar, als die Einreiseformalitäten nach einer knappen Stunde beendet sind. Geld haben wir auch gleich umgetauscht, der Wechselkurs ist am Flugplatz etwas günstiger. Mary Newman ist extra mit dem Zug von Atbara gekommen, um uns vom Flugplatz abzuholen.

Wir fahren mit einem klapperigen Toyota-Kleinbus zum Gästehaus der SIM (Sudan Inland Mission). Dort können wir übernachten. Alles um uns her ist staubig, der Lärm ist unbeschreiblich, das Straßenbild malerisch. Männer mit Turbanen, Frauen mit halb oder ganz verschleierten Gesichtern, Esel, Autos und Motorräder. Dazwischen Zeichen des modernen Sudan, Schulkinder in Schuluniformen. Polizisten mit Tropenhelm regeln den Verkehr. Wir kommen zur Mission. Dort werden uns die Zimmer zugewiesen. Ich schlafe mit den anderen Männern in einem Männerschlafsaal und meine Frau im Schlafsaal der Frauen. Ich bekomme den oberen Teil eines Stockbettes zugewiesen. Erst jetzt denke ich daran, daß wir als Ehepaar nur mit einem Koffer reisen. So mache ich mich auf den Weg zum Frauenschlafsaal, um mir meine Reiseutensilien abzuholen. Vom Minarett der Moschee wird zum Gebet gerufen. Es ist Abend geworden.

Heute ist Sonntag, und so versammeln wir uns zum Abendgottesdienst in der Kapelle. Es ist ein wunderschönes Erlebnis, die Frohe Botschaft hier im muslimischen Sudan zu hören. Nach dem Gottesdienst lernen wir die verschiedenen Familien im Gästehaus kennen, Amerikaner, Engländer, Australier und Missionare von Neuseeland. Wir sind, wie so oft, die einzigen Deutschen in dieser Runde. Und ich frage mich, warum sich in anderen Ländern mehr Christen in den Dienst der Mission rufen lassen, als bei uns in Deutschland.

Das Abendessen wird im Speiseraum eingenommen. Wir trinken viel Wasser und gehen früh zu Bett. Auch der Tag beginnt früh. Um sechs Uhr wollen wir schon wieder unterwegs sein. Die Nacht ist heiß, im Schlafraum der Männer gibt es keine Luftbewegung. Trotz der geöffneten Fenster entsteht kein Durchzug. Der Mann unter mir schläft unruhig. Er tritt im Schlaf immer wieder an das Bettgestell. Der obere Teil des Bettes schwankt wie ein Schiff auf dem Atlantik. Geschnarcht wird in verschiedenen Ekken des Schlafsaales und in den verschiedensten Tonarten. Ich liege lange wach. Schließlich übermannt mich der Schlaf. Zwischendurch wache ich auf, weil ich völlig durchgeschwitzt bin. Das Moskitonetz hält jeden noch so geringen Luftzug von mir fern.

Wir stehen schon um vier Uhr auf, weil wir uns den Waschraum teilen müssen. Danach gibt es ein einfaches Frühstück. Brot ist genügend vorhanden, auch »Blueband Margarine«. Der Nescafé wird vom Hausvater rationiert. Ein gestrichener Teelöffel Kaffeepulver soll für eine große Tasse genug sein. Das ist für mich zuwenig, davon werde ich nicht wach. Ich überwinde mich und bitte um einen zweiten und dritten Löffel Kaffeepulver. Irgendwie komme ich mir schäbig vor, weil ich mehr Kaffee nehme, als die andern. Ich werde der SIM von Nairobi aus einige Dosen Kaffee schicken. Nach dem Frühstück sind wir schon wieder durchgeschwitzt.

Wir wollen an diesem Tag noch Atbara erreichen. Atbara liegt auf dem Weg nach Ägypten. Es ist die letzte große Stadt im Norden des Sudan. Mary ist eine kleine, zierliche Person, die immer abgehetzt aussieht. Aber sie ist ungeheuer zäh, wie wir bald feststellen können. Sie hat vorsorglich Fahrkarten für den Zug besorgt. Der Zug soll um sieben Uhr abfahren, aber es ist immer ratsam, wenigstens eine Stunde vorher am Bahnhof zu sein. Wir sind zeitig dort. Das Gewimmel am Bahnsteig ist unbeschreiblich. Ein ähnliches Gedränge habe ich nur in Indien erlebt. Menschen, Menschen, Menschen. Aber nur ein Drittel davon sind Fahrgäste. Die anderen sind Bekannte, die lauthals gute Ratschläge mit auf den Weg geben. Verkäufer bieten hartgekochte Eier an, dazu warmes Brot. Die Teeverkäufer werden von allen Seiten umlagert. Es ist ja auch Frühstückszeit.

Anstatt zu früh, fährt der Zug mit einer guten Stunde Verspätung in den Bahnhof ein. Die Fahrt soll etwa acht Stunden dauern, und so rechnen wir damit, daß wir gegen 16 Uhr in Atbara sein werden. Sam will uns vom Bahnhof abholen. Während wir warten, erzählt uns Mary einiges über Atbara. »Bei uns fließen der Nil und der Atbara zusammen. Ihr müßt aufpassen, etwa eine Stunde, bevor wir nach Atbara kommen, können wir auf der linken Seite die Pyramiden von Meroe sehen. Die stammen aus der Frühkultur des Sudan. Atbara hat auch eine Universität. Dort an der Universität ist mein Mann Sam Dozent. Wir leben von seinem Gehalt. Für meine Arbeit will ich kein Geld.«

Wir erfahren auch, daß Sam ein schwarzer Amerikaner ist und daß die Newmans gläubige Christen sind. Besonders ihr Mann leidet unter der geistlichen Einsamkeit im Sudan. Als wir Sam persönlich kennenlernen, sprudelt es aus ihm heraus: »Leider gibt es hier praktisch keine Christen. Nur ein paar Sudanesen, die nicht Englisch sprechen. Und wir sprechen nicht Arabisch. Alles um uns her sind Muslime. Der Muezzin ruft zum Gebet, und es gibt keine Glocken, die zum Gottesdienst einladen. Wir sehnen uns nach der Gemeinschaft mit anderen Christen.« Nach einer kurzen Pause fährt Mary fort: »Zu kaufen gibt es beinahe alles. Alles, was wir zum Leben brauchen, kommt mit dem Zug von Khartum oder von Wadi Halfa, der Grenzstation, nach Ägypten. Über Port Sudan am Roten Meer kommen das Öl, Benzin und alle Importgüter. Öl haben wir genug, aber uns fehlen dringend Ersatzteile für unser Auto.« Nach einer Weile können wir uns Atbara ein wenig vorstellen. Mal sehen, wie es dann in Wirklichkeit aussieht. Jetzt sind wir zuerst einmal auf unseren Zug gespannt, der gerade auf Gleis drei einläuft. Es heißt, daß die besseren Waggons eine Klimaanlage haben. Wir freuen uns auf die Reise. Da erklingt der Pfiff für die Abfahrt. Wir schauen noch einmal auf den Bahnsteig, der immer noch voll von Menschen ist, obwohl die Reisenden schon alle eingestiegen sind. Es wird gewinkt, der Zug pfeift, dampft und zuckelt los. Wir haben einen sehr guten Platz bekommen. Das Abteil hat rote Plüschsessel und eine Klimaanlage. Das bedeutet zuerst einmal: Wir können die Fenster nicht öffnen, wir können uns bei der Abreise nicht aus dem Fenster hinauslehnen. Die Klimaanlage ist nicht eingeschaltet, aber es ist von der Nacht her immer noch angenehm kühl in unserem Abteil. Das Zugpersonal wird die Klimaanlage sicherlich erst einschalten, wenn es wärmer wird, geht es mir durch den Kopf. Wir unterhalten uns lebhaft und beobachten unsere Umwelt. Da sind Araber, die im Flur ihre Waschungen machen. Es ist eng, sie müssen Wasser in der Toilette holen. Bei uns im Abteil wird Essen ausgepackt: Eier, Kuchen, Bananen und Fleischbällchen. Jeder zeigt, was er mitgebracht hat. Wir haben nichts zu essen dabei, acht Stunden kann man auch ohne Essen auskommen.

Kaum haben wir die Stadt verlassen, die letzten Lehmhäuser sind verschwunden, da sehen wir rechts und links von uns schon die Wüste. Bis jetzt kennen wir die Sahara nur von der Luft aus. Dies ist das erste Mal, daß wir sie zum Greifen nahe vor uns haben. Wir fahren mitten durch die Wüste hindurch. Links von uns fließt der Nil träge in seinem Bett, daneben verläuft ein Wüstenpfad, der von den Kamelkarawanen benützt wird. Ab und zu fährt ein Lastwagen vorbei. Gespannt sehen wir durch die großen Fenster nach draußen. Wir wollen uns nichts von der faszinierenden Landschaft entgehen lassen. Die ganze Szenerie erinnert an arabische Märchen. In meiner Vorstellung sehe ich Beduinen hinter den Sandbergen hervorkommen.

Die Eisenbahn ist die einzige gute Verbindung zwischen Khartum und Atbara. Natürlich gibt es auch Flugverbindungen, aber Flüge sind sehr unregelmäßig, sie werden oft abgesagt. Wir sind schon eine ganze Weile unterwegs, da zupft mich meine Frau am Ärmel: »Sieh mal aus dem Fenster.« Ich weiß gleich, was sie meint. Da liegt ein Gerippe eines verendeten Esels neben den Gleisen. Die Wüste holt sich ihre Opfer. In der Zwischenzeit ist es im Abteil ziemlich warm geworden, und wir wundern uns, warum die Klimaanlage nicht eingeschaltet wird. Als ein Beamter vorbeikommt, fragt Mary nach dem Grund und bekommt die lakonische Antwort, die sei schon lange kaputt. Schon seit zwei Jahren sei sie kaputt, und niemand kann sie reparieren. Außerdem fehlen auch die nötigen Ersatzteile. Es ist schon ein grober Unfug, wenn man sich vollklimatisierte Wagen anschafft, die im Falle eines Defekts niemand reparieren kann und deren Fenster dann auch nicht zu öffnen sind. Warum kauft ein Land wie der Sudan nicht normale Reisewaggons? Wenn alle Fenster solcher Waggons offen sind, dann wird es angenehm luftig. Ich kenne das von Bahnreisen in Indien. Das kann ja heiter werden, wenn die Sonne am Mittag am höchsten steht. Aber die Acht-Stunden-Fahrt werden wir schon überstehen. Jetzt ist es allerdings schon ungemütlich heiß. Unsere Mitfahrer lassen eine Wasserflasche kreisen. Hätten wir doch nur etwas zu trinken mitgenommen. Aber solch ein Pech kann man ja nicht voraussehen, tröste ich mich.

Nach genau vier Stunden Fahrt bleibt der Zug unerwartet stehen. Wir wundern uns, weil wir keine Ortschaft sehen. Außerdem ist kein Stop zwischen Khartum und Atbara vorgesehen. Wir schauen aus dem Fenster, können aber keinen Grund für das Anhalten finden. Danach gehen wir im Zug nach vorne, und da sehen wir die Bescherung: Das gesamte Gleis vor uns ist auf mehr als einhundert Meter Strecke durch einen Sandsturm mit Sand verweht worden. Der Zug wäre steckengeblieben, wenn der Zugführer nicht rechtzeitig gebremst hätte. Jetzt sitzen wir fest, und es trägt auch nicht zur guten Laune bei, daß wir nun die Gerippe von zwei verendeten Eseln sehen, als wir aus dem Fenster schauen. Mary beruhigt uns und meint, daß das Freischaufeln dieser Sandverwehung nur eine Sache von Stunden sei, das käme hier öfter vor. Allerdings ist es in der Zwischenzeit schon zehn Uhr geworden, und die Sonne scheint weiterhin erbarmungslos auf den Zug. In unserem Abteil ist es inzwischen kochend heiß. Fenster können wir nicht öffnen, und so gehen wir alle nach draußen.

Mitreisende Fahrgäste, die von draußen zu uns kommen, wissen mehr Details. Sie erzählen uns, daß wir jetzt kurz vor der kleinen Ortschaft Shendi seien. Das sei etwa die Hälfte der Wegstrecke nach Atbara. Dann hören wir, daß nur 60 km nordöstlich von uns das alte Meroe liegt. Die Pyramiden kann man vom Zug aus sehen. Ich schaue aus dem Fenster und sehe nur Wüste, Wüste, nichts als Wüste. Dabei denke ich, wie schön es gewesen wäre, wenn der Zug dort bei Meroe im Sand steckengeblieben wäre. Dann hätten wir die Pyramiden zu Fuß besuchen können. Aber was soll's! Zuerst suchen wir uns ein etwas kühleres Plätzchen an der offenen Türe.

Später steigen wir mit den meisten Reisenden aus dem Waggon aus. Erst hier draußen kann man sich einen richtigen Eindruck von dem ganzen Geschehen verschaffen. Der Anblick ist einfach malerisch: dunkelhäutige und hellhäutige Araber mit Turban, Pfeifen und Wasserflaschen feilschen oder diskutieren mit unbeschreiblich lauten Stimmen in Arabisch. Weit vorne vor dem Zug schuften die Zugbediensteten. Die Köpfe haben sie in Tücher gehüllt, so daß man sie kaum erkennt, aber sie wissen sich vor der sengenden Sonne zu schützen. Werkzeug und Schaufeln liegen im Zug immer griffbereit. Nach einer halben Stunde steht der Großteil der Bewohner von Shendi um den Zug herum. Einige gaffen neugierig, andere bieten ihre Hilfe an. Aber die Zugangestellten schütteln nur den Kopf. Umsonst würden die Leute aus Shendi keinen Finger rühren, und Geld ausgeben wollen die Zugbediensteten nicht. Denn jede Extraausgabe ginge von ihrem mageren Verdienst ab. Nach etwas über drei Stunden sind die Gleise wieder freigeschaufelt, die Fahrt geht endlich weiter. Wir gehen in unser heißes Abteil zurück.

Mit vier Stunden Verspätung fährt endlich der Zug um 20 Uhr

in den Bahnhof von Atbara ein. Die Sonne ist schon untergegangen, und es ist bereits dunkel. Sam wartet immer noch treu am Bahnsteig und ist froh, seine Frau gesund in die Arme schließen zu können. Wir wohnen bei Sam und Mary im Gästezimmer. Dort können wir uns auch wieder frisch machen, obwohl das Wasser rationiert ist. Aber unsere Freunde haben vorher Wasser in verschiedenen Eimern aufgefangen. Das Wasser in der Dusche ist braun. Im Quellgebiet des Atbara ist Regenzeit, und so hat der Atbara eben braunes Wasser. Braune Eiswürfel geben jedem Getränk eine neue, ungewohnte Farbe.

Vor dem Abendessen helfen wir beim Tischdecken. Wir lernen, daß die Tassen, Teller und Gläser immer verkehrt herum auf den Tisch gestellt werden. Es gibt zuviel Sand und Staub, darum werden die Teller und Gläser erst umgedeht, wenn die Gäste am Tisch sitzen. Den Sand spüren wir überall. Jeder ersehnte Luftzug bringt neben der kühlenden Frische auch feine Sandkörner mit. Alles, was wir essen, hat einen feinen sandigen Geschmack, und der Sand knirscht zwischen den Zähnen.

Am nächsten Abend erleben wir den Sonnenuntergang am Nil. Sam hat sein Sonntagshemd angezogen, ein Freizeithemd mit den größten und schönsten Rosen, wie es nur die Amerikaner kennen. Aber das Hemd ist gerade das Richtige für die Hitze in Atbara. Es ist weit, leicht und bunt. Sam meint, einen Sonnenuntergang am Nil müsse man einfach gesehen haben. Der Abend ist wunderschön, und während wir dort am Nil spazieren, redet Sam ununterbrochen und stellt Fragen. Wir haben ein lebhaftes Gespräch über Gottes Wort und unseren Glauben. Unsere Gastgeber sind geistlich ausgehungert. Im Auto und auf dem Weg nach Hause geht das Gespräch weiter. Nur das Hupen der Autos und der Motorenlärm unterbrechen uns immer wieder. Am Abend kann ich lange nicht einschlafen. Ich denke: Wenn wir doch alle so sehr nach Gottes Wort ausgehungert wären wie Sam und Mary in Atbara! Wahrscheinlich muß Gott uns erst in die Wüste führen, damit wir an ihn denken.

*

Dies ist mein erster, aber nicht letzter Besuch in Atbara. In den kommenden Jahren haben die Newmans in Atbara eine wunderschöne Schule für geistig behinderte Kinder aufgebaut. Ich bin wieder unterwegs, um an einer Konferenz teilzunehmen, bei der über die Weiterentwicklung der Schule entschieden werden soll. Aus der kleinen Schule ist ein großes Zentrum geworden. Sam hat es sogar geschafft, daß die älteren Jungen und Mädchen in den Werkstätten der Universität ein Praktikum absolvieren können. Sam und Mary wollen die Schülerinnen und Schüler möglichst praktisch auf ihr Leben vorbereiten.

Die Konferenz dauert drei Tage. Nach intensiven Beratungen ist der Tag der Abreise gekommen. Die Tagungsteilnehmer wollen gemeinsam nach Khartum fliegen. Weil es keinen regulären Flug gibt, haben wir kurzerhand ein Flugzeug gemietet, einen »Aero Commander« für 18 Passagiere. Wir wollen früh am Morgen starten. Es ist die Zeit der Sandstürme. Weil unser Pilot aber mit seiner Maschine zuerst von Khartum eintreffen muß, verzögert sich der Abflug bis zum frühen Nachmittag.

Sam und Mary bringen uns zum Flugplatz. Wir fahren mit ihrem kleinen VW-Golf quer durch die Wüste. Der Flugplatz liegt etwa zwanzig Kilometer außerhalb von Atbara. Die Sonne hat schon wieder kräftige Strahlen. Als wir die Vororte von Atbara hinter uns gelassen haben, entdecke ich auf einmal mitten in der Wüste eine Wasserstelle. Ich stoße Sam in die Seite und meine: »Das sieht ja wie ein kleiner See aus. Seht mal dort, das Wasser.« Sam ist der erste, der reagiert. Er stimmt mir zu: »Das sieht tatsächlich wie Wasser aus.« Wir können sogar Bäume erkennen. Aber es ist nur eine Fata Morgana. Ich hatte mir solch ein Naturschauspiel bisher nicht vorstellen können, ich dachte immer, das gäbe es nicht. Und nun sehe ich selber eine Luftspiegelung. Diese Luftspiegelung bringt es doch tatsächlich fertig, unser Auge und unser ganzes Wahrnehmungssystem zum Narren zu halten. Ich kann meinen Blick nicht von diesem Schauspiel abwenden. Als wir weiterfahren, merke ich, daß sich der angebliche See verändert. Je näher wir zu dem »See« kommen, um so weiter entfernt er sich wieder von uns. Wir kommen und kommen ihm nicht näher. Gott sei Dank, daß wir nicht am Verdursten sind, sonst hätte dieses Naturschauspiel in uns böse Illusionen geweckt. Wir wären weiter und weiter gefahren und hätten »den See«, den uns die Fata Morgana vorgaukelte, doch niemals erreicht. Wie viele Menschen sind wohl in der Wüste solchen Trugbildern zum Opfer gefallen!

Auch im geistlichen Sinne verfallen wir immer wieder dem Wahn, daß es hier oder dort »Wasser« gäbe. Wir sehen eine Fata Morgana und rennen ihr nach. Aber von einer Illusion kann ich meinen Durst nicht löschen. Und von einer Illusion kann ich auch meinen Hunger nicht stillen. Davon berichtet das Lied: »Ich bin durch die Welt gegangen.« Da heißt es: »Sie suchen, was sie nicht finden, in Liebe und Ehre und Glück, und sie kommen belastet mit Sünden und unbefriedigt zurück.« Wasser, durch das unser Durst wirklich gelöscht wird, gibt es nur bei Jesus! Das lehrt uns Gottes Wort.

Der Flug zurück nach Khartum verläuft zuerst eintönig, wie jeder Flug in einem kleinen Flugzeug. Die Sitze sind immer zu eng, man kann sich nicht recht bewegen, aber ich genieße die kühle Luft hier oben. In 18 000 Fuß Höhe braucht man keine Klimaanlage. Im Motorenlärm reden wir noch einmal über die Konferenz. Wir sind mit den Ergebnissen zufrieden. Die Arbeit in Atbara wird jetzt von mehreren Schultern getragen. Verschiedene Hilfsorganisationen und Missionen werden sich jetzt gemeinsam um den Weiterausbau der Schule kümmern. Durch unser Gespräch abgelenkt, merken wir erst ziemlich spät, daß sich der Himmel vor uns verdunkelt hat. Zwischen uns und dem Flugplatz tobt einer der gefürchteten Sandstürme. Noch vor wenigen Minuten konnten wir Khartum in der Ferne sehen. Jetzt sind Himmel und Erde nicht mehr zu unterscheiden. In zehn Minuten soll der Landeanflug beginnen. Der Pilot wirkt gelassen. Er redet mit dem »Tower« und hört sich die Anweisungen an. Oft geht es den Passagieren in solchen Situationen schlechter als den Fachleuten. Wir können ja nicht fliegen, darum kombinieren wir falsch und sind über Dinge beunruhigt, die unter Umständen zur Routine gehören.

Wenig später werden wir von den ersten Windböen erfaßt, und das Flugzeug wird mit großer Wucht nach oben geworfen. Unser Pilot muß sich ganz auf die Arbeit konzentrieren. Den Steuerknüppel hält er fest in der Hand. Seine Augen gleiten wachsam über die erleuchteten Instrumente. An ein Umkehren ist jetzt nicht mehr zu denken. Hinter uns ist sowieso nur Wüste. Wir müssen auf dem internationalen Flugplatz in Khartum landen, eine andere Möglichkeit gibt es nicht. Jetzt hat uns der Sandsturm voll in seiner Gewalt. Obwohl es noch nicht einmal vier Uhr nachmittags ist, ist es auf einmal stockfinster. Wir sehen nur schwarze Wolken um uns, über und unter uns. Die Sicht zur Erde ist versperrt. Der Pilot fliegt jetzt im Blindflug. Er hat den Landeanflug eingeleitet. Vorher hat er sich zu uns umgedreht und gemeint: »Mal sehen, wie die Welt da unten aussieht, hier oben können wir ja beim besten Willen nicht bleiben!« Wie recht hat der Mann. Immer neu wird das Flugzeug wie ein Spielball nach oben geworfen oder in die Tiefe gedrückt. Mein Magen rebelliert. Die einzige Lichtquelle um uns ist das Armaturenbrett im Flugzeug. Ich sehe die Skala, die die Fallgeschwindigkeit, die Fluggeschwindigkeit und die Höhe anzeigt, sowie die Benzinuhren deutlich. Wir werden also in etwa drei bis vier Minuten landen, und dabei können wir immer noch nichts sehen. Angst kriecht langsam in mir hoch, schnürt mir die Luft ab. »Wie wird das ausgehen?« ist meine bange Frage. Es sind nur noch zwei Minuten bis zur Landung. Das Fahrwerk ist ausgefahren, da dreht sich der Pilot um und vergewissert sich, daß wir auch alle festgeschnallt sind. Er meint mit einem berufsmäßigen Lächeln, daß die Sichtweite etwas weniger als dreihundert Meter sei. Wir werden von einem Fluglotsen auf die Landebahn eingewiesen. Ich habe immer noch meine Bedenken und traue dem »Tower« und auch den Fluglotsen nicht. Es geht ja auch um unser Leben!

Völlig unerwartet kommt ein starker Luftzug, der das Flugzeug zur Seite reißt, aber dann ist die Sicht frei, wir können die Landelichter des Flugplatzes sehen. Jetzt ist unser Pilot ganz in seinem Element. Sichtkontakt mit der Erde, wie gut das ist! Er richtet die Maschine genau auf die Mittellinie des Landestreifens aus und kommt dem Boden näher. Noch achtzehn Meter, zehn, fünf, ein Meter. Ein Rattern und Schütteln, die Maschine hat aufgesetzt, die Erde hat uns wieder. Wir danken Gott für alle Bewahrung.

Wir sind diesmal nicht im Gästehaus der Mission untergekommen, sondern in einem Hotel. Am Abend sitzen wir noch lange beieinander und reden über unsere gemeinsame Erfahrung in Atbara. Am nächsten Tag trennen sich unsere Wege. Einige der Konferenzteilnehmer kommen aus Europa, sie fliegen noch vor uns fort. Mein Flug nach Nairobi ist erst für den späten Abend angesetzt. Nachdem wir die »Europäer« verabschiedet haben, gehe ich auf mein Zimmer und fange an, meinen Bericht zu schreiben.

Den Finger am Abzug

Wir waren auf dem Weg nach Tansania, genauer gesagt nach Bukoba. Bukoba liegt gerade auf der anderen Seite des Victoriasees, wenn man von Nairobi kommt. Die Stadt ist durch den Kaffee über die Grenzen von Ostafrika hinaus bekanntgeworden. Der Tansaniakaffee aus Bukoba wird auch in Deutschland in den Dritte-Welt-Läden angeboten. Bukoba ist für das Land so wichtig, daß es einen eigenen Flugplatz hat: Nicht nur einen Buschflugplatz mit einer einfachen Graspiste zum Starten und Landen, sondern er hat eine geteerte Landebahn, einen eigenen Zoll und eine Paßkontrolle. Das macht das Reisen in den Osten des Landes erheblich einfacher. Die Piloten brauchen keinen Zwischenstop am Kilimandscharo-Airport einzulegen.

Das gleichmäßige Motorengeräusch machte mich schläfrig. Wir hatten bis zur letzten Minute im Büro gearbeitet und kamen völlig außer Atem am Flugplatz an. Erst im Flugzeug, einer Cessna 206 von »Sight by Wings«, wurden wir etwas ruhiger. Als ich tief durchatmete, kam mir der Gedanke: Es gibt eben auch Streß in Afrika, nicht nur die beschauliche Ruhe. Wir hatten vieles vor dem Flug erledigen können. Meine Frau und ich wollten nach unserem Besuch in Tansania weiter nach Uganda. Diese Rundreise war ein volles Programm. In Bukoba wollten wir unsere Missionare, die in einer Gehörlosenschule der evangelischen Kirche als Lehrer eingesetzt sind, besuchen.

In etwa neunzig Minuten sollten wir in Bukoba landen. Mit halbgeschlossenen Augen beobachtete ich die routinierten Handgriffe von Mike, unserem Piloten. Meine Frau saß im Co-Piloten-Sitz. Mir fiel auf, daß Mike nichts redete, und ich sagte mir: »Er hat sicherlich auch eine anstrengende Woche hinter sich.« Wir flogen schon seit zehn Minuten über den tiefblauen Victoriasee in 11 000 Fuß Höhe. Das Wasser sah von hier oben gekräuselt aus, wie gemalt. Vereinzelt sah man Fischerboote, die mit oder ohne Segel bis in die Mitte des Sees hinausfuhren. Schließlich nickte ich ganz ein. Die Landungen und Starts ohne Druckausgleich in den Kabinen dieser kleinen einmotorigen Maschinen machen meinem Kreislauf immer wieder zu schaffen. Da ist ein Nickerchen gerade das richtige.

Ich weiß nicht, wie lange ich vor mich hingedöst hatte, auf einmal wurde ich von meiner Frau aufgeweckt, die mich am Arm gepackt hatte und auf Mike deutete. Mike saß nicht nur mit geschlossenen Augen in seinem Pilotensitz, er war auch weit über den Steuerknüppel gelehnt. Ich war sofort hellwach. »Weck Mike auf«, schrie ich meiner Frau zu, als ich merkte, daß das Flugzeug die Reisehöhe verließ und die Nase bedenklich nach unten zeigte. Wir schossen aus 11 000 Fuß gerade auf das Wasser zu. Wenn nichts geschieht, würde die Maschine auf dem Wasser zerschellen. Meine Frau rüttelte Mike, der hob schläfrig ein Augenlid. Jetzt erst fiel uns auf, wie blaß er aussah. »Wach auf, Mike, wach auf«, riefen wir immer wieder, »wir stürzen ins Wasser, du mußt den Sturzflug auffangen, bitte, bitte wach doch auf!« Gleichzeitig beteten wir zu Gott um Errettung aus dieser Notlage. Wie oft hatte er uns schon geholfen. Wir glaubten es ganz fest, Gott konnte Mike in Sekundenschnelle wieder einsatzfähig machen. Wir hatten längst gemerkt: Mike war krank! Es dauerte noch eine Weile, bis Mike endlich reagierte. Die Minuten zogen sich für uns in die Länge, wie endlose Jahre. Endlich setzte sich Mike mit einem Ruck wieder aufrecht hin und murmelte etwas Unverständliches.

Ich dankte Gott, als ich sah, daß Mikes Hände wieder den Steuerknüppel ergriffen. Unser Pilot kam aus seiner Ohnmacht wieder voll zu sich und erkannte die Gefahr, in der wir schwebten. Er reagierte schnell und zog das Flugzeug wieder nach oben. In der Zwischenzeit hatten wir schon 3 000 Fuß an Höhe verloren. Der Höhenmesser hörte auf, sich zu drehen. Neun Minuten waren vergangen, Minuten voller Angst und Bangen. Mike drehte sich zu mir um, und ich sah, daß er wieder Farbe im Gesicht hatte.

Später erzählte er uns, daß er sich am vergangenen Abend nicht wohl gefühlt hatte; Schwindel und Durchfall. Er dachte an eine Fleischvergiftung und war früh zu Bett gegangen. Am nächsten Morgen sei er »topfit« aufgestanden, und darum sei er mit uns gestartet. Dann war der Schwindel wiedergekommen. Er hatte versucht, die Ohnmacht zu unterdrücken, aber er wurde trotzdem bewußtlos. Ich konnte nur beten: »Danket dem Herrn, denn er ist freundlich, und seine Güte währet ewiglich.«

In Bukoba wartete man auf uns. Wir wohnten im Gästehaus der lutherischen Kirche. Moskitonetze umspannten die Fenster. Zum Essen waren wir bei befreundeten Missionaren eingeladen. Die Nacht wurde lang, und wir erzählten viel. Mike wurde immer gesprächiger, und es schien, als ob er seine Krankheit nun wirklich überwunden hatte. Zum Abschied überreichte uns der Bischof der lutherischen Kirche eine Trommel und einen Bibelvers, der auf Baumrinde gestickt war: »Siehe, ich stehe vor der Tür und klopfe an« (Offb. 3,20). Wir kauften auch noch »Bukobakaffee« für unsere Mitarbeiter. Am nächsten Morgen ging der Flug weiter nach Uganda. Das war nur eine kurze Flugstrecke von Bukoba nach Entebbe. Dort füllten wir die Einreiseformulare für Uganda aus und bekamen ein Besuchervisum für zwei Wochen.

*

Herr Kabanda wohnt in Kampala und gehört zu dem Stamm der Buganda. Für ihn sind die Busoga, die mehr im Osten bei Mbale leben, oft Grund genug zum Lachen. »Die können ja nicht mal richtig reden!« sagte er immer wieder. »Die haben alle einen Sprachfehler!« Dieses Necken und Spotten über die verschiedenen Dialekte ist hier in Afrika nicht anders als in Deutschland. Jeder Stamm denkt natürlich, er sei den anderen überlegen.

An die Redensart von Herrn Kabanda mußte ich denken, als wir in Mbale mit unserer Cessna auf einer kleinen Graspiste gelandet waren und unerwartet von etwa zwölf Soldaten umzingelt wurden. Sie hatten ihre Gewehre im Anschlag und auf uns gerichtet. Herr Kabanda und sein Sekretär begleiteten uns. Die beiden waren in Entebbe zugestiegen. Die Soldaten forderten uns auf, das Flugzeug zu verlassen, sie hinderten uns aber daran, vom Flugzeug wegzutreten. Sie rückten einen Schritt weiter auf uns zu, bis der diensthabende Offizier auf uns zukam und meinte: »Wir wollten euch tatsächlich ›abzißen‹, denn wir wußten nicht, wer ihr seid. Dann haben wir doch nicht ›gezossen‹, weil wir erst sehen wollten, wer da kommt. Aber wir können euch immer noch gefangennehmen. Oder habt ihr die nötigen Papiere zur Landung?« Herr Kabanda unterdruckte gerade noch ein Kichern, drehte mir seinen Kopf zu und sagte mit einem spitzbübischen

Grinsen: »Jetzt hören Sie es selber, die Busoga können einfach kein ordentliches ›sch‹ aussprechen.«

Herr Kabanda ist der Leiter des Blindenverbandes von Uganda, und er ist selber blind. Er schob sich vor und erklärte dem Offizier, daß wir nicht nur eine Genehmigung hätten, sondern mehrere: Von der Polizei, von der Luftwaffe in Soroti und der zivilen Luftfahrtbehörde. »Wenn ihr nicht in der Lage seid, die verschiedenen Behörden zu koordinieren, dann sehe ich schwarz für Uganda.« Mit diesem Satz hörte er auf zu reden, kramte in seiner Jackentasche nach den Dokumenten, reichte sie dem Offizier und drehte seinen Kopf demonstrativ weg. Damit wollte er zeigen, daß er nichts mehr zu sagen hatte. Ich kannte diese Angewohnheit von Herrn Kabanda, wußte aber auch, daß er es sich verkneifen mußte, nicht zu sagen »dann sehe ich ›zwarz‹ für Uganda«. Ich kenne Mr. Kabanda seit sieben Jahren. Er ist immer ein treuer Kollege gewesen, aber auch ein stolzer Bürger seines Landes, den es ärgert, wenn in seinem Land vor lauter Bürokratie nichts mehr funktioniert.

Nach einer kurzen Beratung der Militärs durften wir den Flugplatz verlassen. Das »Flugplatzgebäude« bestand aus einer Bürobaracke mit einem Trockenklo als Anbau. Sonne und Wind haben die Farben verblassen lassen. Vor dem Gebäude wehte die Flagge von Uganda. Die Graspiste hatte weißgetünchte Ecksteine. Ein Windsack hing neben der Landebahn. Kies knirschte unter unseren Tritten. Bei dem kurzen Weg zum Flugplatzgebäude sahen wir ein Flakgeschütz, davor stand ein Soldat. Die hatten es also wirklich ernst gemeint mit dem Abschießen, ging es mir durch den Kopf. Das war nicht nur eine Redensart. Herr Kabanda entschuldigte sich bei uns und meinte: »Es ist mir so peinlich, weil wir alle Papiere hatten. Aber da sieht man's mal wieder, die Busoga können nicht lesen, und richtig reden können sie auch nicht.«

Hinter der Abgrenzung sahen wir Bischof Obado, der uns eingeladen hatte. Er ist der Bischof der anglikanischen Kirche hier im Osten Ugandas. Wir wollten verschiedene Einrichtungen in seiner Diözese besuchen. Er winkte uns zu. Wir kannten uns von früheren Besuchen in Nairobi. Kinder und Jugendliche rannten überall umher. Um uns her war ein Gewimmel wie auf einem

Bahnhof vor Abfahrt des Zuges. Endlich hatten wir Bischof Obado erreicht und schüttelten uns herzlich die Hände.

Nach einer ausführlichen Begrüßung nahm der Bischof uns zur Seite: »Die wollten euch tatsächlich abschießen«, so fing er ohne Umschweife an. »Als die Soldaten mich sahen, und ich ihnen erklärte, daß ich Besuch aus Nairobi bekomme, wurde mir erklärt, daß keine Flüge angemeldet seien und jedes Flugzeug als Feindflugzeug angesehen und abgeschossen würde. Eure Ankunftszeit kam immer näher, und ich redete mit dem ranghöchsten Offizier. Einer der Soldaten hatte schon bei der Flak Posten bezogen. Ich konnte die Leute erst überzeugen, als ich meinen Einladungsbrief und den Bestätigungsbrief des Ministeriums vorzeigen konnte. Gott sei Dank, daß alles noch einmal gutgegangen ist. Und nun laßt uns von was anderem reden. Der Landrover steht draußen, und damit fahren wir zuerst zu mir nach Hause, ihr wollt euch sicherlich frisch machen, und Hunger habt ihr sicher auch.«

Die Fahrt zum Haus des Bischofs ging durch einen Bananenhain. Die Bananenstauden hingen voll mit Früchten. Auch die Erdnußfelder waren bestellt. Herr Kabanda hatte mir schon öfter gesagt, daß die meisten Leute in Uganda während der vielen Jahre des Bürgerkrieges unter Amin und Obote nur dank der Bananen überlebt hätten. Die wachsen auch ohne menschliches Zutun immer reichlich. In der Zeit nach dem Sturz von Idi Amin waren selbst die Grundnahrungsmittel unerschwinglich teuer geworden. Ein Kilogramm Zucker kostete genausoviel wie eine Maschinenpistole. Damals konnten die meisten Leute in Uganda nur auf dem Land überleben. In Kampala waren die Läden mit Latten vernagelt. Es gab nichts zu kaufen. Fünf Staatsoberhäupter hatten seitdem um die Macht gekämpft. Das Land ist bis heute nicht zur Ruhe gekommen. (März 1986)

Hier in Mbale hatte die Kirche dem Blindenverband eine ehemalige Schule und dazu ein ordentliches Stück Land vermacht. Um einen Eindruck von der Größe zu bekommen, machte sich die kleine Delegation auf den Weg, um das ganze Grundstück zu umlaufen. Das dauerte eine Weile, und wir kamen dabei ordentlich ins Schwitzen. Dankbar nahmen wir danach eine Erfrischung an. Weil Besucher immer Neuigkeiten bringen und es viel zum Austauschen gab, saßen wir lange auf der Veranda mit dem Bischof zusammen. Wir waren begierig, einmal vor Ort von Ugandas Nöten und den Stammeskriegen zu hören. Zum Schlafen gingen wir in ein einfaches Hotel. Die Übernachtung kostete pro Person 3000 Uganda-Shillinge. Das klingt nach enorm viel Geld, aber eine Mark hat den Wert von 200 Shillingen. Wenn man also die Übernachtung in Deutscher Mark berechnet, so sind das in Wirklichkeit nur 15 DM. Aber es ist schon merkwürdig, wenn man für eine Flasche Coca-Cola 175 Shillinge bezahlen muß. Die hohen Zahlen auf den Banknoten erschüttern uns. Die Inflation ist nicht zu bremsen, das Geld ist hier nichts mehr wert. Die Angestellten im Hotel waren überaus freundlich, viel freundlicher als bei uns in Kenia, fand ich. Wohl ist bei uns in Kenia der Tourismus wundervoll durchorganisiert, aber die menschliche Wärme und Herzlichkeit leiden anscheinend unter der perfekten Organisation.

Am nächsten Morgen machen wir uns in der Frühe auf den Weg zum Flugfeld. Die Luft ist am Morgen noch frisch. Bald wird die Sonne wieder stechen. Der Landrover rumpelt über die Schlaglöcher. Die Straße besteht eigentlich nur aus Schlaglöchern. Mbale war nicht die Endstation unserer Rundreise. Wir wollten noch weiter nach Gulu fliegen. Gulu liegt ganz im Norden des Landes an der Grenze zum Sudan. Dort wartete Bischof Lule auf uns. Auch Bischof Lule ist von der anglikanischen Kirche. Um Gulu herum wohnen die Acholis. Gulu ist als Grenzstadt zum Sudan schon immer ein strategisch wichtiger Ort gewesen. Auch heute hat die Armee dort eine große Kaserne und bewacht die Grenzen zum Sudan. Man erwartet Angriffe von Idi Amins Getreuen aus Arua und auch Angriffe von Obotes Anhängern, die sich im Südsudan versteckt halten. Daneben gibt es die regulären Räubereien der Pokot und der Karamajong, die sich gegenseitig das Vieh abjagen. Frieden hat diese Gegend Afrikas lange nicht gesehen.

Der Abflug in Mbale war weniger erlebnisreich als die Landung. Die Soldaten grüßten uns jetzt betont freundlich, als wir hinter Mike, unserem Piloten, zum Flugzeug gingen. Mike hatte sein Pilotenhemd angezogen. So flößte er den Soldaten den nötigen Respekt ein. Die Soldaten hielten die Gewehre diesmal auch locker in der Hand, aber mit dem Lauf nach unten. Kaum hatten wir uns gesetzt, redete Mike mit dem Tower und gab unsere englische Flugzeugregistrierung durch. Wir hörten, wie er in die Sprechmuschel rief: »Five Yankee – Mike Bravo Delta meldet sich für den Flug von Mbale nach Soroti. Ich habe vier Passagiere an Bord.« Die Erlaubnis zum Start wurde uns von dem Kontrollturm Entebbe erteilt, Mbale und Soroti hörten zu. Die Propeller drehten sich schneller, das Flugzeug holperte über die Graspiste, wurde immer schneller und hob ab. Wir waren wieder in der Luft. Die Startbahn liegt in einer Nordwest/Südost-Richtung, und so mußte Mike eine Kurve von 90 Grad fliegen, bis wir den richtigen Kurs für Soroti hatten. In Soroti wollten wir nur kurz auftanken. Soroti hatte früher einen hervorragenden Flugplatz, da gab es vor den vielen Kriegen im Lande sogar eine Pilotenschule. Immerhin ist der Landestreifen noch gut, und Flugbenzin soll es auch noch geben.

*

Das Auftanken dauerte nur wenige Minuten. Dann waren wir wieder in der Luft. Dieser Flug klappt ja wie am Schnürchen, dachte ich. Trotzdem mußte ich an die vielen Befreiungsfronten denken, die um das Land kämpfen, das wir gerade überflogen. Ich versuchte mir die Abkürzungen in Erinnerung zu rufen, schaffte es aber nicht alleine. Zusammen mit Herrn Kabanda machten wir daraus ein Quiz. Gemeinsam kamen wir auf acht verschiedene Gruppen, die um die Vormacht im Lande kämpften: NRA, UPC, UNLF, DP, UFM, UPF, SUM, NCC. Dazu kamen noch Räuberbanden, die das Land durchzogen. Das Gerangel um die Macht hatte schon zuviel unnützes Blutvergießen gekostet. Und es scheint nicht so, als ob wir dem ersehnten Frieden schon etwas nähergekommen wären. Viel Unrecht wurde begangen. Uganda muß Buße tun! Stämme müssen lernen, einander zu vergeben und miteinander auszukommen. Es muß doch einmal Frieden geben!

Mike meldete sich vorschriftsmäßig von Soroti ab und teilte dem »Tower« mit, daß er jetzt mit vier Passagieren auf dem Weg nach Gulu sei. Die Flugdauer gab er mit einer Stunde und 20 Minuten an. Der Fluglotse antwortete mit einem zünftigen »Rodger«, was soviel bedeutet wie: »Wir haben den Funkspruch erhalten und verstanden.« Nachdem wir das Seengebiet von Soroti überflogen hatten, wurde die Landschaft eintönig. Etwa auf halber Strecke überflogen wir Lira. Auch Lira gehört zu den strategisch bedeutenden Ortschaften. Lira wird immer wieder von den verschiedenen Rebellengruppen umkämpft. Von hier aus flogen wir immer parallel zur Straße nach Gulu. Nach einer Stunde und 20 Minuten lag unser Reiseziel unter uns. Auch Gulu hatte einen guten Flugplatz. Wieder einmal fiel mir auf, wie hochentwickelt Uganda früher einmal war. Im Gegensatz zu manchen Gegenden in Ostafrika gab es hier früher eine gute Infrastruktur. Jetzt lag der Landestreifen vor uns. Der Windsack zeigte einen leichten Seitenwind an. Mike richtete danach das Flugzeug zum Landeanflug aus. Er schwenkte etwas nach rechts und nach links, bis wir die Mittellinie des Rollfelds genau unter uns hatten. Wenige Minuten später setzte die Cessna mit einem leichten Hüpfen auf dem Boden auf. Die Erde hatte uns wieder. Das ist jedesmal ein gutes Gefühl. Ich öffnete die hintere Türe einen Spalt, um frische Luft ins Flugzeug zu lassen. Mike drosselte den Motor. Wenige Minuten später stellte er den Propeller ab. Um uns herum war Ruhe.

Meine Frau sah sie zuerst: »Das darf doch nicht wahr sein«, rief sie mir zu, »schau doch mal raus.« Ich sah aus dem Fenster und erschrak. Etwa 25 schwerbewaffnete Soldaten kamen auf uns zu, wir waren teilweise schon umzingelt. Als Mike die Seitentüre öffnen wollte und Anstalten zum Aussteigen machte, hoben verschiedene Soldaten ihre Gewehre und zielten damit auf uns. »Hört das denn niemals auf!« Mit diesem Satz ließ Herr Kabanda seinen Dampf ab. Er zitterte vor Wut. Herr Kabanda hatte uns zu dieser Besuchsreise eingeladen. Er hatte die Planung für den Reiseabschnitt »Uganda« übernommen, und so fühlte er sich für unsere Sicherheit verantwortlich.

Die Soldaten zeigten uns mit den Gewehren, daß wir uns wieder hinsetzen sollten. Mit dem Gewehrlauf deuteten sie immer wieder von oben nach unten. Mike kannte diese stumme Sprache. Wir setzten uns, konnten uns keinen Reim aus der ganzen Sache machen. Im Flugzeug wurde es ungemütlich heiß. Wir waren heute morgen in aller Frühe in Mbale gestartet, und in Soroti hatten wir getankt. In der Zwischenzeit war es kurz vor zehn Uhr geworden. Die Sonne brannte heiß auf das Flugzeug. Wir versuchten, uns mit den Soldaten zu verständigen, aber die wollten nichts von uns wissen. Herr Kabanda schüttelte immer wieder nur seinen Kopf. Er hatte die Landeerlaubnis schon wieder griffbereit in seiner Hand. Wir suchten den Landestreifen nach Bischof Lule ab. Der hatte versprochen, uns abzuholen. Wir fragten uns, wo der Kirchenmann nur blieb. Bischof Lule könnte sicherlich das Mißverständnis klären. Die Soldaten hier wußten bestimmt nicht, daß wir nicht nur im Auftrag der anglikanischen Kirche gekommen waren, sondern auch im Auftrag des Kultusministeriums. Die Regierung in Kampala hatte ein lebhaftes Interesse an einer Unterstützung der Blindenschule in Gulu.

Die nächsten 45 Minuten verbrachten wir in einem »Backofen«. Der Schweiß rann uns den Nacken hinunter. Endlich kam ein höherer Offizier auf das Flugzeug zu und erklärte uns, daß wir jetzt aussteigen könnten. Der Offizier ermahnte uns, nichts aus dem Flugzeug zu entfernen. Alles müsse im Flugzeug bleiben. Das Flugzeug sei mit seinem ganzen Inhalt von der Armee beschlagnahmt. Müde und erschöpft kletterten wir aus der Cessna. Die Tragflächen waren glühend heiß. Sobald wir auf dem Boden waren, wurden wir von einem Trupp von fünf Mann umzingelt und neben das Hauptgebäude gebracht. Die Soldaten fingen sofort damit an, das Flugzeug zu durchwühlen. Die Männer waren darin geschult. Wir dachten, daß man uns jetzt in das Abfertigungsgebäude bringen würde und wir uns setzen könnten, aber wir hatten uns gewaltig geirrt. Wir blieben von dem Fünfer-Trupp weiterhin umringt, und man ließ uns in der Sonne braten. Wir schauten in die Gesichter der Soldaten. Manche sahen uns durchdringend an, andere grinsten uns an. Einer der Männer war betrunken und schwenkte seine Maschinenpistole fahrlässig hin und her. Er deutete mit der Waffe immer wieder auf uns. Den Finger ließ er nicht vom Abzug.

Herr Kabanda versuchte verzweifelt, Klarheit in die Situation zu bringen. Er redete in Buganda und in gebrochenem Acholi zu den Soldaten, aber die hatten ihre Anweisungen. Es wurde Mittag, die Zunge klebte uns am Gaumen. Der betrunkene Soldat kam immer näher zu meiner Frau und lallte: »Madam, how are you.« Ich konnte das nicht mehr ertragen und schob mich dazwischen.

Aber was sollte ich gegen ein Gewehr ausrichten. Ich schrie innerlich zu Gott und bat um Errettung. Hier waren wir völlig macht- und rechtlos. Wir wußten ja nicht einmal, was die Männer noch mit uns vorhatten. Jetzt waren wir schon über drei Stunden festgehalten worden, und wir durften uns immer noch nicht frei bewegen. Es dauerte noch eine ganze Weile, ich weiß nicht mehr, wie lange, dann wurde der betrunkene Soldat zu einem anderen Dienst abgeordnet. Mit einem letzten »Madam!« verabschiedete er sich. Gott sei Lob und Dank!

Dieser Mann wurde abgelöst, ein anderer kam an seine Stelle. Ein Offizier brachte diesen Soldaten zu uns. Wir standen inzwischen im Schatten einer Hauswand. Der Offizier kam auf uns zu, salutierte kurz und forderte uns in gutem Englisch auf, ihm die Reisepässe auszuhändigen. Ohne unsere Papiere kamen wir uns völlig verlassen vor. Die Zeit verging nur schleppend. Wir zählten die Minuten. Seit über einer Stunde warteten wir auf den Offizier, der unsere Papiere mitgenommen hatte. Um so dankbarer waren wir, als wir ihn endlich wieder um die Ecke kommen sahen. Weil wir uns mit diesem Mann auf Englisch verständigen konnten, meinten wir, daß er auf unserer Seite war. Jetzt kam er wieder und grinste. Man sah, daß er sich freute. Mit einer Handbewegung jagte er die Bewacher von uns fort und meinte: »Ihr seid wieder frei.« Er sagte einfach so: »Ihr seid frei – wir haben eure Papiere überprüfen lassen, und Kampala hat alle Angaben bestätigt.«

Herr Kabanda tobte und verlangte eine Entschuldigung der Militärs. Das sei ja eine Zumutung, wie man hier behandelt würde, aber er werde die Sache noch in Kampala zur Sprache bringen. Er mußte sich beherrschen, damit er nicht ausfällig wurde. »Und jetzt bringt ihr uns in die Stadt, oder sollen wir auch noch laufen?« Damit beendete er seine Rede. Der Offizier entschuldigte sich in der Tat und bot uns einen Armeelastwagen an, der uns nach Gulu in die Stadt bringen sollte. Wir verabschiedeten uns. Das Gefühl der Beklemmung wollte uns immer noch nicht verlassen. Wohl waren wir aus dem Gröbsten heraus, aber wohin würde uns der Armeelastwagen tatsächlich bringen?

Es war ein ausgedienter Mercedes Benz, ein offener Pritschenwagen, auf den wir uns hocken sollten. Wir kletterten auf die Ladefläche hinauf, danach ging die Fahrt los. Wir versuchten uns am Geländer zu halten. Der Fahrer steuerte geradeaus auf die Kaserne zu. Der Flugplatz war von den Soldaten besetzt, so benützte der Fahrer die Start- und Landebahn als Straße. Nach zehn Minuten Gerüttel und Geholper sahen wir die Kaserne vor uns. Die Stadt lag dahinter. Wir fuhren durch das erste Tor in den Kasernenhof hinein. Ich hielt den Atem an. Aber der Lastwagen holperte tatsächlich weiter bis zum Ausgangstor am Ende der Kaserne. Dort fuhr der Wagen wieder hinaus. Erst jetzt wurde mir leichter. Vor uns lag Gulu. Wir wurden noch ein paarmal durchgeschaukelt, und dann waren wir in der Stadt. Wir kletterten von dem hohen Wagen hinunter und fühlten uns frei und glücklich. Gulu ist keine große oder schöne Stadt. Aber es gab hier ein Taxi, das uns zum Haus des Bishofs brachte. Der Bischof war nicht zu Hause! Er hatte uns wohl eingeladen, aber die Einladung völlig vergessen. Auch das kann vorkommen. Wir wurden in seinem Haus bewirtet und suchten uns danach ein Zimmer in einem kleinen Hotel. Herr Kabanda konnte sich immer noch nicht beruhigen und regte sich noch eine ganze Weile auf. Er schämte sich für sein Land. Erst spät am Abend gingen wir in unsere Zimmer.

Am kommenden Morgen schien alles ein böser Traum gewesen zu sein. Nach einem einfachen Frühstück besuchten wir die Verantwortlichen der Blindenschule. Wir staunten nicht schlecht, als wir erfuhren, daß niemand etwas von unserem Kommen wußte. Der Bischof hatte auch vergessen, unseren Besuch der Schule mitzuteilen. Am Nachmittag hob sich unsere Cessna wieder in die Lüfte, Richtung Entebbe und Nairobi. Die Rückreise verlief ohne Zwischenfälle. Herr Kabanda konnte sich beim Abschied in Kampala immer noch nicht beruhigen. Noch ehe wir uns trennten, meinte er: »Jetzt haben sie ja die Busogas kennengelernt. Und ich hatte recht: Die können nicht mal richtig reden!«

Eine Stunde versichert

Mit einem gemeinsamen »Amen« schlossen wir das Gebet an diesem bedeutsamen Freitagabend. Wir standen um den vollgepackten »TOYOTA Landcruiser«, einem Geländewagen mit Allradantrieb; auf dem Dach in einer Spezialhalterung vier Kanister mit Reservebenzin und zwei Ersatzräder. Der Stationsvorsteher der deutschen Missionsstation in Addis Abeba hatte uns im Gebet unter Gottes Geleit gestellt. Wir, das waren eine Bekannte von uns mit ihrem Kind, dazu meine Frau und ich. Unsere Bekannte war erst vor einem Jahr mit ihrer Familie aus England gekommen. Sie wohnten wie wir in Ghimbi. Ihr Mann arbeitete in dem kleinen Krankenhaus. Es war kurz vor Mitternacht, und wir waren zur Abfahrt nach Ghimbi bereit. Eine Strecke von 440 Kilometern lag vor uns. Nur die ersten 120 Kilometer waren eine schlechte Teerstraße mit vielen Schlaglöchern, die sich in unzähligen Schlangenlinien bis zu der Ortschaft Ambo hinzog. Die restlichen 320 Kilometer waren eine Schotterstraße, die nicht nur in der Trockenzeit, sondern auch in der Regenzeit befahrbar war. Unser Geländewagen war bis zum äußersten beladen. Die Blattfedern über den Achsen waren waagerecht gebogen. Auch den Dachständer hatten wir vollgepackt, mit einem schweren Segeltuch abgedeckt und die Plane an allen Enden festgezogen und verschnürt. Mit dieser Fahrt in den Westen Äthiopiens fing die Geschichte an:

Wir schrieben das Jahr 1974. Wir waren zum Einkauf in Addis Abeba gewesen. Meist war dies nur ein bis zweimal im Jahr nötig. Aber manche Waren konnten eben nur in der Hauptstadt gekauft werden. Diesmal war der Hauptgrund unserer Reise, unser neues Auto abzuholen. Wir hatten jahrelang einen alten Landrover gefahren, aber der wurde wegen der vielen Reparaturen mehr und mehr zur Last. Nun war er verkauft, und der neue TOYOTA stand in Addis Abeba für uns bereit. Wir bekamen die Nachricht in Ghimbi über Funk mit der Aufforderung, den Wagen möglichst bald abzuholen. Vor einer knappen Woche hatten wir unser Heim, die Blindenschule in Ghimbi, verlassen. Ursprünglich wollten wir erst am Samstag zurückfahren. Heute war Freitag. Aber wir mußten unsere Planung wegen einer alarmierenden Radiomeldung kurzfristig ändern.

In den vergangenen Tagen wurde in den Nachrichten von Studentenunruhen berichtet. Die Universität in Addis Abeba wurde daraufhin geschlossen. Die Studenten demonstrierten und marschierten durch die Straßen. Die Regierung hatte eine Sonderkommission eingesetzt. Rädelsführer wurden gesucht, Schuldige mußten gefunden werden. Wir waren an diesem Morgen nach dem Frühstück in die Stadt gefahren, um letzte Einkäufe zu erledigen. Am Nachmittag wollten wir den nagelneuen Toyota packen. Immer nach der Devise: Gut Gepackt, ist halb gefahren. Wir waren bei den Geschäften »Polidarides« und »Economy« gleich neben dem China-Restaurant zum Einkauf. Später auch noch bei »Bambies«. Besonders Bambies ist immer gut sortiert. Man kann nahezu alles bekommen. Später hatten wir das Auto bei der Post geparkt, um weitere Kleinigkeiten in den umliegenden Geschäften zu besorgen.

Plötzlich hörten wir Schreie und ein immer lauter werdendes Johlen aus noch unbekannter Richtung. Passanten liefen in Richtung des Lärms, andere hasteten weiter. Wir liefen zum Auto und starteten den Motor, fuhren aus dem Parkplatz in Richtung Churchill Road und bogen dann links ab in Richtung Sudan-Inland-Mission. Als wir in die Churchill Road einbogen, sahen wir die Ursache des Lärms. Hunderte von Menschen, meist Studenten, liefen grölend und Transparente schwingend, vom Bahnhof kommend, die Straße hinauf. Viele hoben Steine auf, warfen Schaufenster ein oder sie zertrümmerten parkende Autos. Der Mob bog gerade hinter uns in die Straße zur Sudan-Inland-Mission ein. Sie waren nur noch 100 Meter von uns entfernt. Wir hupten verzweifelt und baten um Einlaß. Wir konnten nicht weiterfahren, denn ein neuer Trupp randalierender Leute kam die Straße von oben herunter, ebenfalls Autos und Scheiben demolierend. Viel zu langsam öffnete sich das schwere Eisentor und gab uns den Weg frei. Dankbar parkten wir das schwere Auto im Innenhof der Mission, und dann hörten wir auch schon die johlenden Massen am Tor vorbeilaufen. Der Wächter konnte das Tor gerade noch schließen.

Die Ausländer fühlten sich in diesen Tagen verunsichert. Natürlich waren die Nachrichten in der amharischen Landessprache, und wir konnten sie nicht verstehen. Wir hatten die Omorosprache gelernt. Aber eines verstanden wir: Das Kaiserreich des Haile Selassie war an seinem Ende angelangt. Die Unzufriedenheit unter den Studenten und Taxifahrern und in den Arbeiterklassen nahm zu. Hinter der Hand redete man von einer Revolution. Für uns war dieses Erlebnis von den randalierenden Studenten besonders einschneidend, und wir fragten uns: Befinden wir uns jetzt am Anfang der Revolution?

Nach etwa einer Stunde des Wartens fuhren wir auf die nun verlassenen Straßen. Glassplitter und verbeulte Autos zeugten von den Unruhen. Schnell wollten wir unsere Einkäufe beenden, fanden aber die meisten Läden geschlossen. Die Innenstadt war wie ausgestorben. Wir wollten das neue Auto auch noch versichern lassen, aber das Büro unserer Versicherungsgesellschaft war ebenfalls geschlossen. So machten wir uns auf den Heimweg zum Gästehaus der Mission, gegenüber dem »Institute Pasteur«. Dort diskutierten die Missionare, die vom Inland zu Besuch waren, mit anderen Europäern die neue Situation. Wir berichteten von unserem Erlebnis in der Stadt. Bevor wir in unsere Gästewohnungen gingen, versprachen wir einander, daß wir uns über alle Neuigkeiten gegenseitig informieren wollten.

Inzwischen war es Mittag geworden. Wir bereiteten uns ein kleines Mittagessen und fingen dann an, den Toyota zu packen. Viele Kleinigkeiten mußten bedacht werden, denn die anstrengende Fahrt dauert bis zu 14 Stunden. Dabei wurde der schwere Wagen massiv gefordert. Die Fahrt führte über eine ausgefahrene Piste, die mit einem Waschbrett verglichen werden kann. Es ging über tiefe Schlaglöcher und Querrinnen. Es war dunkel, als wir mit der Arbeit fertig geworden waren. Unser Gästezimmer wirkte jetzt leer, dafür war das Auto vollgepackt. Wir hatten eine neue Kreiselwasserpumpe gekauft und hinter dem Fahrersitz verkeilt, volle Benzinkanister, Reifen und Stoffballen für die Kleider der blinden Kinder und Gemüse hatten wir auf dem Dachständer untergebracht, Gasflaschen, Sandalen für die Kinder, Büromaterial und verschiedenes Werkzeug waren in Kisten und Kartons im hinteren Abteil des Wagens verstaut. Fünfundzwanzig Packen schwerer Baunägel für den Neubau und Verbindungsstücke für die Wasserleitungen lagen ganz unten, um den Schwerpunkt des Wagens möglichst tief zu halten. Die Fahrgäste, drei Erwachsene und ein Kind mußten sich die vordere Sitzbank teilen.

Nachdem wir mit dem Packen fertig waren, machten wir auf der Station die Runde und verabschiedeten uns von den verschiedenen Familien. Wir wollten früh zu Bett gehen und dann morgen in aller Frühe, noch vor sechs Uhr, aufbrechen, damit wir vor Dunkelheit in Ghimbi ankommen. So hatten wir es immer gehalten. Den Finanzberater der Mission bat ich, daß er doch gleich am nächsten Tag um 8.30 Uhr unser Fahrzeug versichern ließe. Wir erzählten ihm, daß uns das wegen der Unruhen heute nicht mehr möglich gewesen war. Er wollte das gerne tun. Alle wünschten uns eine gute Fahrt.

Im Hause des Stationsvorstehers waren immer noch verschiedene Deutsche versammelt, die in Äthiopien nicht als Missionare arbeiteten. Sie waren an der Deutschen Schule oder bei der Botschaft angestellt. Es war 19.30 Uhr, und man diskutierte gerade das neueste Gerücht, daß Addis Abeba vom Hinterland abgeschnitten werden sollte. Alle Straßen um die Stadt herum sollten von Mitternacht an gesperrt werden. Der Pfarrer der deutschsprachigen Gemeinde sagte gerade, als wir eintraten: »Wer weiß, was daran wahr ist.« Er hatte dieses Gerücht in der Stadt gehört. Und wir wußten alle aus Erfahrung, daß an all den vielen Gerüchten immer etwas Wahres dran ist. Wer also noch ins Inland fahren möchte, der sollte bitte noch vor Mitternacht Addis Abeba verlassen. Ab nächsten Morgen sollte es außerdem noch eine Ausgangssperre für die Hauptstadt geben. Die deutsche Kolonie wollte die Entwicklung abwarten.

Ich sah meine Frau an. Wir verstanden uns, ohne zu reden. Es war uns klar: Wir müssen zurück nach Ghimbi! Die Blindenschule der evangelischen Kirche war gerade in der Aufbauphase. Wir hatten gerade die ersten Lehrer ausgebildet und bauten ein neues Schulhaus. Die einheimischen Mitarbeiter jetzt alleine zu lassen, war unmöglich. Es war nicht auszudenken, was passieren würde, wenn man uns hier in Addis Abeba festhielte. Darum entschlossen wir uns, noch heute in der Nacht die lange Fahrt zu wagen. Zuerst aber mußten wir die Engländerin benachrichtigen, sie mußte auch noch packen und dann zu uns kommen. Wir versuchten bei der englischen Mission anzurufen, allerdings für eine ganze Weile ohne Erfolg. Erst gegen 21 Uhr kam eine Verbindung zustande. Unsere Bekannte wollte mit ihrem Kleinkind bis spätestens 22 Uhr bei uns sein. Die Gäste aus der Stadt verabschiedeten sich. »Wir bleiben in Verbindung«, hieß es.

Wir waren in Eile. Es war ein Segen, daß wir den Wagen schon gepackt hatten. Um kurz vor 22 Uhr waren wir fertig zur Abreise. Wir warteten im Wohnzimmer des Stationsvorstehers. Immer neue Nachrichten und Gerüchte erreichten uns. Eben schlug die Standuhr zehn Mal, aber unsere Bekannte war immer noch nicht bei uns. Wir wollten noch warten. Die Minuten strichen langsam dahin. Endlich, wenige Minuten vor 11 Uhr, hielt ein Fahrzeug vor dem Tor. Es war unsere Mitfahrerin mit Gepäck und Kind. Frau Thompson war mit ihrem Sohn Ian bei der kurzen Strecke mehrmals von Straßensperren angehalten worden, und daher kam die Verspätung. Wir waren eine kleine Schar, vier Reisende, der Stationsvorsteher mit seiner Frau und noch drei Missionarsehepaare. Sie alle kamen mit uns zum Fahrzeug, um uns zu verabschieden. Wir lasen noch einmal die Tageslosung und befahlen uns und die unsichere Zukunft hier im Land unserem Vater im Himmel an. Mit einem gemeinsamen »Amen« schlossen wir das Gebet an diesem bedeutsamen Freitagabend. Ich startete den Wagen, und wir kurbelten noch einmal alle Fenster ganz nach unten, um besser winken zu können. Es war inzwischen stockfinstere Nacht, die Scheinwerfer erleuchteten den Innenhof der Missionsstation und die Ausfahrt. Es war 23.15 Uhr, als wir das Missionsgrundstück verließen, und um Mitternacht sollten alle Straßen um Addis Abeba herum gesperrt werden.

Ich starrte gespannt auf die vor uns liegende Straße und war dankbar, daß unser neuer Wagen gute Scheinwerfer hatte. Die Schaltung war leicht zu bedienen, und das Fahrzeug beschleunigte kräftig. Das merkte man besonders bei der Höhe von 2 700 Metern um Addis Abeba herum. Der 135 PS starke Motor meisterte alle Steigungen spielend. Es dauerte nicht lange, dann war der Motor richtig warmgelaufen. Das gleichmäßige Motorengeräusch beruhigte uns. Die Straße war wie leergefegt. Aber ich traute mich nicht, so schnell wie sonst zu fahren. Wir waren immer noch in den Vororten von Addis Abeba, und hinter jeder Biegung konnte ein Schlagbaum sein. Die Vororte zogen sich schier endlos dahin. Ich wußte, daß ich erst nach dem Wasser-Reservoir und dem Elektrizitätswerk aufatmen konnte. Das waren noch einmal strategisch wichtige Punkte für die Armee. Bis dorthin konnten wir noch manche Überraschung erleben. Wir hatten ja keine Ahnung, was die Regierung plante. Wir wußten auch nicht, welche Gefahren uns umgaben. Von Müdigkeit war bei uns allen keine Spur, obwohl wir jetzt schon immerhin fast achtzehn Stunden auf den Beinen waren. Wir hatten vor Aufregung kaum etwas gegessen und auch keinen Kaffee oder Tee getrunken, wie wir das sonst vor einer Fahrt tun. Aber die Ungewißheit hielt uns alle wach.

Nur sehr langsam ließ bei uns die Spannung nach, als wir uns dem Wasser-Reservoir näherten und auch dort keine Sperre vorgefunden hatten. Die Nadel des Höhenmessers war bei 2 900 Metern angelangt. Jetzt lagen Addis Abeba und die Vororte hinter uns. In der Zwischenzeit war auch der Mond durch die Wolken gedrungen. Die Eukalyptusbäume an der Straßenseite warfen verwirrende Schattenlinien über die Straße. Aber wir hatten es geschafft, wir atmeten auf und dankten Gott für seine Fürsorge. Wie gut, daß wir vor der Fahrt noch gemeinsam gebetet hatten.

Der Rest der Reise schien für mich nur noch Routine zu sein. Oft genug waren wir diese Strecke gefahren, aber noch nie in der Nacht und noch nie nach einem solch anstrengenden Tag. Wir fuhren durch die schlafende Ortschaft Ambo. Danach kletterten wir mit dem Wagen bei Guder wieder auf knapp 3 000 Meter und erreichten Bako gerade, als die Sonne aufging. Die Hälfte der Strecke hatten wir hinter uns. Unsere Mitarbeiter in Ghimbi werden staunen, wenn wir so früh in der Schule ankommen. Sechs Stunden früher als sonst! Wir hatten die Nachricht über unsere überstürzte Abreise nicht mehr über Funk an unsere Schule in der Provinz Wollega weitergeben können. Vielleicht würden unsere Freunde in Addis Abeba an diesem Morgen daran denken, unsere Rückkehr anzumelden, wenn um sieben Uhr der Funkverkehr zu den einzelnen Stationen beginnt.

Während der Nacht war es in unserem Wagen recht kühl. Aber

sobald die Sonne am Himmel stand, wärmte sich das Fahrzeug schnell auf. Mit der Zeit machte uns auch der Staub zu schaffen. Wir fühlten uns wie ausgetrocknet. Die nächste Station ist Nekempte, und ich freue mich, daß wir bis jetzt noch keine Reifenpanne hatten. Das ist mehr als ungewöhnlich. Dadurch hatten wir viel Zeit gespart. Schon um 9 Uhr konnten wir durch Nekempte fahren. Jetzt lag nur noch das 50 Kilometer breite Didessatal vor uns. Der Didessa ist ein Nebenfluß des Blauen Nils. Das Tal liegt »nur« 1 200 Meter hoch. Von hier aus war es nur noch ein Katzensprung bis Ghimbi. Im Didessatal konnte es sehr, sehr heiß werden. Wenn man das Tal überblickt, sieht man überall schwarze Flecken. Buschfeuer wüten dort häufig während der Trockenzeit. Sie werden oft durch weggeworfene Glasflaschen oder Scherben entfacht. Da kommt es leicht zu Selbstentzündungen. Bei einer früheren Fahrt zurück nach Ghimbi hatten wir einen Buschbrand erlebt. Rechts und links vom Straßenrand schlugen die Flammen hoch. Da mußten wir hindurch! Vögel flogen tief. Sie fingen die Heuschrecken und anderes Kleingetier, das sich vor den Flammen retten wollte. Heute konnte ich kein Feuer sehen, nur zwischendurch verbrannte Erde.

Nach meinen Berechnungen sollten wir gegen 11 Uhr daheim sein. Ich sah mich schon unter der Dusche, als wir durch die Hitze des Didessatals fuhren. Wir griffen immer öfter zu den Wasserflaschen, um den Durst zu stillen. Mit der Hitze kam aber auch die Müdigkeit. Ich sagte mir immer wieder: Es sind nur noch 110 Kilometer, die schaffst du auch noch. Ich streckte mich und redete mir ein, daß ich immer noch fit sei. Es wurde immer heißer im Auto. Bald zeigte die Fünfzig-Grad-Skala die Hitze nicht mehr an. Selbst der Fahrtwind konnte uns jetzt nicht mehr erfrischen. Trotz der Strapazen war die Fahrt in das Tal hinunter immer wieder ein besonderes Erlebnis. Von der Höhe aus bot sich uns ein Panoramablick von atemberaubender Schönheit. Die Straße windet sich in das Tal hinunter. Das Elefantengras wird hier mannshoch. Es nahm mir die Sicht vom Straßenrand nach rechts und links. Aber den Gegenverkehr erkennt man sowieso an einer Staubwolke. Buschfeuer hatten weite Flächen des Landes zerstört. Jetzt brachte der Fahrtwind neben dem Staub auch noch Asche in das Fahrzeuginnere. Wir hatten nun die Hälfte des Tales durchfahren, die Straße war ordentlich, wir fühlten keine Schlaglöcher, die uns aufrüttelten, der Motor brummte gleichmäßig. Ich war jetzt 26 Stunden auf den Beinen und durch die ständige Hitze völlig übermüdet. Es war genau 9.55 Uhr, Samstag vormittag.

Ich erschrak, als das Elefantengras auf einmal direkt vor meinen Augen war. Ich sah keine Straße mehr. In einer langgestreckten Rechtskurve war ich kurz eingenickt. Der schwere Wagen war sofort von der Straße abgekommen. Mein Lenken war sinnlos. Das rechte Vorderrad verklemmte sich im Straßengraben, der Wagen überschlug sich und blieb auf dem Kopf liegen. Der Dachständer löste sich aus der Halterung und flog etwa 12 Meter weit, dann war es still um uns, totenstill. Wir fanden uns kopfüber im Wageninneren. Es war ein Wunder, wir waren alle unversehrt! Nur eine Schramme hier und da, ein Absatz fehlte, aber wir waren alle gesund. Beim näheren Inspizieren erkannte ich das Wunder der Bewahrung noch deutlicher: Die Wasserpumpe, die direkt hinter mir befestigt war, hatte sich an einer Kiste verklemmt, sonst hätte sie mir den Kopf eingeschlagen. Wir dankten Gott für die Bewahrung. Auch Frau Thompson und ihrem Sohn Ian war nichts geschehen. Lob und Dank! Wir setzten uns in den Schatten des Autowracks und warteten.

Um uns her war die Erde verbrannt. Ich beschaute mir das Auto oder besser das, was davon übriggeblieben war. Das sah ganz nach einem Totalschaden aus. Der Dachständer lag weit entfernt, aber die Plane hielt immer noch alles fest zusammen. Wir hatten nur noch eine Flasche Wasser zum Trinken und genügend Obst. Aber wir waren weitab vom nächsten Dorf. Was sollten wir tun? Es war höchst unwahrscheinlich, daß in diesen Tagen ein Fahrzeug hier vorbeikommen würde. Es konnte sehr lange dauern, bis wir hier wieder fortkämen. Wir wollten trotzdem wachsam sein und auf jedes Motorengeräusch achtgeben.

Aber dann geschah das Unfaßbare: Schon nach wenigen Minuten hörten wir ein Motorengeräusch, das immer näher kam. Das Fahrzeug kam aus der Richtung, in der Ghimbi liegt. Ich streckte meinen Hals. Da sah ich einen Landrover oben am Straßenrand halten. Der Fahrer stieg aus, und wir konnten es kaum glauben, Hartmut Marc, ein deutscher Entwicklungshelfer stieg zu uns herunter. Als der das Fahrzeug sah, dachte er zuerst, daß alle

Insassen tot seien. Darum traute er sich kaum den Hang hinunter, bis wir seinen Namen riefen. Staunend kam er die letzten Schritte zu uns herunter und konnte es nicht fassen, was er sah! »Euch hat aber Gott bewahrt!« Immer wieder schüttelte er den Kopf und wiederholte: »Hat Gott euch aber bewahrt!« Hartmut, wie er hier in Äthiopien genannt wurde, kehrte mit seinem Fahrzeug um und brachte uns nach Ghimbi. Wir nahmen nur das nötigste Handgepäck mit. Sein Beifahrer blieb bei unserem Fahrzeug. Das Unfallauto wollten wir später mit einem Lastwagen abholen lassen. Beim Wegfahren vom Unfallort fragte ich mich, ob unser Kollege in Addis Abeba den Wagen wohl noch vor 9 Uhr hatte versichern lassen? Inzwischen war es wenige Minuten nach 10 Uhr.

Groß war die Dankbarkeit und Freude in Ghimbi darüber, daß wir so bewahrt geblieben sind. George, der Armenier, ein Freund von uns, der heute in Wien wohnt, hatte schnell einen Lastwagen zur Hand, mit dem er das Unfallfahrzeug nach Ghimbi schaffte. Wir sahen unser Auto schon nach zwei Tagen wieder und konnten alle eingekauften Sachen entladen. Von der Versicherung in Addis Abeba bekamen wir die gute Nachricht, daß unser Auto bereits ab 8.45 Uhr versichert war. Eine gute Stunde war der Wagen versichert. Die Versicherung wollte das Fahrzeug sehen und von der besten Werkstatt in Addis Abeba herrichten lassen.

Als wir den Toyota viele Jahre später mit einem Kilometerstand von 87 000 verkauften, konnten wir rückblickend nur sagen: Gott hat uns all diese Jahre auf den langen Fahrten mit vielen Kilometern vor weiteren Unfällen bewahrt. Dafür wollen wir ihm danken.

Ich dachte lange Zeit über den Unfall nach und fragte mich: Warum hat Gott diesen Unfall überhaupt zugelassen? Wir hatten vor der Reise um Bewahrung gebetet, und wir wurden vor schwerem körperlichen Schaden bewahrt. Wozu war dieser Unfall denn gut? Erst in der Stille hörte ich die Antwort. Ich hatte eine wichtige Lektion gelernt. Eine Lektion, die ich mit Sicherheit ohne den Unfall niemals gelernt hätte. Vor dem Unfall meinte ich doch allen Ernstes, daß die Aufbauphase in Ghimbi ohne mich und meine Frau gefährdet sei. Darum sagten wir: »Wir müssen zurück, wir müssen die Arbeit weiterführen, ohne uns läuft da nichts!« Nun hatte Gott mir gezeigt: »Nimm dich nicht so wichtig. Ich bin der Herr, ich habe die Kontrolle über die gesamte Arbeit in meiner Kirche und in der Mission.« Heute weiß ich, daß Gott uns noch einmal in seinem Dienst gebrauchen wollte, darum hatte er uns bei dem schweren Unfall bewahrt.

Auf der Brücke wird geschossen

Zwei Jahre waren vergangen. Die Revolution hatte das Land verändert. Wir lebten mit der ständig wachsenden Gefahr, aber man gewöhnt sich auch daran: Das dachte ich, als ich spät am Abend im Bett lag und meinen Gedanken freien Lauf ließ. Ich dachte an den Tag zurück, an dem wir beinahe erschossen worden waren:

Wir fuhren etwa zweimal im Jahr nach Addis Abeba zum Einkauf. Viele Dinge konnten wir nur in der Hauptstadt bekommen, und dazu war dort alles billiger. Im Augenblick war bei uns im Inland vieles rationiert. Zucker, Mehl und Seife gab es nur auf Bezugsscheine. Die Hausfrauen mußten sich schon überlegen, ob sie ihrer Familie Zucker für den Kaffee gaben oder ob sie Kuchen backen wollten. Süßer Kaffee oder Kuchen am Wochenende, so hieß die Alternative. Manche Dinge gab es überhaupt nicht mehr. Dazu gehörte auch das Toilettenpapier. Ich erinnere mich an den Besuch eines befreundeten Ehepaares von einer weiter im Inland liegenden Missionsstation, das vor der Weiterreise nach Addis Abeba bei uns übernachten wollte. Als die beiden uns begrüßten, streckten sie uns freudestrahlend eine Rolle Toilettenpapier entgegen und meinten im Chor: »Klopapier statt Blumen! – Das könnt ihr sicher gut gebrauchen, Blumen habt ihr ja selber.« Wir hatten uns damals riesig gefreut.

Jetzt war es wieder einmal an der Zeit, nach Addis Abeba zu fahren. Diesmal wollten wir Birhane, unser Hausmädchen, mitnehmen. Sie hatte noch nie eine große Stadt gesehen, noch nie Hochhäuser, Schaufenster, Verkehrsampeln oder eine Teerstraße. Und sie hatte auch noch keinen größeren Fluß gesehen, der von einer Brücke überquert wurde. Das wollten wir Birhane alles zeigen. Auf der Fahrt nach Addis Abeba überquert die Straße hinter Nekempte den Didessa-Fluß mit einer modernen breiten Brücke. Wenige hundert Meter nördlich sieht man noch die Überreste der alten Brücke, die schon vor Jahren zusammengestürzt war. Über diese alte Brücke waren früher die Missionare mit ihren Mauleseln gezogen. Heute wird die alte Brücke den Anforderungen nicht mehr gerecht. Die neue Brücke war strategisch wichtig. Sie trennt den Westen Wollegas von Addis Abeba. Weil wir gerade Regenzeit hatten, wußte ich, daß sich in dieser Jahreszeit gewaltige braune Wassermassen zum Weißen Nil wälzen. Auf der Hinfahrt nach Addis Abeba waren wir in sehr großer Eile, wir konnten uns keinen Zwischenstop leisten und hörten nur das Wasserrauschen. Wir versprachen Birhane, ihr den Didessafluß auf der Rückfahrt zu zeigen: »Dann halten wir auf der Brücke an, und du kannst das große Wasser sehen.«

Birhane war glücklich. Sie war von Addis Abeba begeistert. Die große Stadt faszinierte sie. Sie hatte auch gleich bei ihrem ersten Einkauf günstige Angebote entdeckt und zugegriffen. Wir kauften inzwischen für die Schule ein, was wir uns aufgeschrieben hatten, und wir waren zufrieden. Birhane war von der Vielfalt des Angebotes begeistert, und als sie in den Schaufenstern die weißen Schaufensterpuppen sah, kicherte sie in ihre geöffneten Hände hinein und meinte: »Aka forenji!« Das heißt soviel wie: »Die sehen ja alle aus wie Ausländer, wie Weiße!« Nach vier Tagen wollten wir zurückfahren. Am Tag der Abreise stand Birhane schon bereit, lange bevor wir sie mit dem Toyota Landcruiser abholten. Sie wohnte bei einer fernen Verwandten, wir wohnten im Gästehaus der Mission. Sie hatte sich die Kraushaare zu Zöpfen flechten lassen und ihr neues Kleid angezogen. Dazu trug sie die neuen, braunen Schuhe, die, wie sie uns lautstark versicherte, hier in »Addis« viel billiger waren als bei uns in Ghimbi. Die Einkäufe waren vorsorglich am Abend zuvor im Toyota verstaut worden. Nun lag nur noch die lange Fahrt vor uns. Aber wir waren gut ausgeruht, das Wetter war schön, wir hatten gut gefrühstückt und waren bester Laune.

Wir wären nicht so guter Dinge gewesen, hätten wir die Nachrichten aus dem Westen Äthiopiens gehört. Die Nachrichten berichteten aus der Gegend nur cirka 100 km westlich von Ghimbi. Am Abend waren die Nachrichten in amharischer Sprache verlesen worden. Wir hatten sie nicht gehört, weil wir Freunde besucht hatten. Auch Birhane hatte keine Nachrichten gehört, denn wenn man Verwandte besucht, gibt es immer genügend zu berichten. Die Nachrichten hatten folgende Meldung gebracht:

Soldaten der Omoro-Befreiungsfront hatten verschiedene Dörfer im Westen Wollegas eingenommen. Es bestand der begründete Verdacht, daß die gleichen Rebellen, wie sie von offizieller Seite her genannt wurden, versuchen würden, weiter ins Land zu kommen, um schließlich Aktionen gegen die Regierung in Addis Abeba durchzuführen. Aus gutunterrichteten Kreisen wisse man, daß die Rebellen als nächstes Brücken sprengen wollten, um einen späteren Material-Nachschub für die Regierungstruppen unmöglich zu machen. Ab sofort seien alle Brücken strengstens von Soldaten bewacht, und die Soldaten hatten den Befehl, sofort und ohne Warnung auf jeden zu schießen, der auf einer Brücke anhält und aussteigt.

Als wir am Morgen fortfuhren, grüßten wir die Wächter und bogen zügig in die Straße nach Westen ein, in Richtung Ghimbi. Wir hatten eine gute Fahrt. Wir hielten in Ambo, einer kleineren Ortschaft, an, um ein Glas Tee zu trinken. Danach fuhren wir frisch gestärkt weiter. In Nekempte legten wir auch eine kleine Rast ein. Wir hatten für die Missionsstation der Schweden Post mitgenommen. Jetzt mußten wir uns beeilen, wenn wir noch vor Dunkelheit den Fluß sehen wollten. Winkend fuhren wir aus Nekempte fort, bogen in die Hauptstraße nach links und hatten bald die Stelle des Plateaus erreicht, von der man das ganze Didessatal überblicken kann.

Wenn man unten in der Talsohle angekommen ist, dauert es immer noch eine Weile, bis man zu der Brücke kommt. Birhane streckte schon den Hals weit nach vorne. Sie wollte nichts versäumen. Dann war es endlich soweit. Vor uns lag die Brücke über den Didessa, und bei offenem Fenster hörten wir schon das Rauschen der gewaltigen Wassermassen. Ich schaltete in den zweiten Gang runter und rollte langsam auf die Brücke zu. Dann fuhr ich so gut es ging rechts an das Geländer, um den Weg für etwaigen Gegenverkehr freizuhalten. Wir stiegen aus dem Wagen aus und streckten uns zuerst einmal. Das tat nach dem stundenlangen Sitzen einfach gut. Während meine Frau und Birhane sich schon über das Brückengeländer beugten und den reißenden Fluß in der Abenddämmerung bewunderten, mußte ich von der linken Seite um den Wagen herumgehen, um das Schauspiel zu bewundern. Ein Rascheln auf der linken Straßenseite machte mich aufmerksam, ich dachte an irgendein Kleintier, das die Straße überqueren wollte, und drehte mich um. Da hörte ich eine Stimme in der uns wohlvertrauten Omorosprache.

Die Männerstimme klang barsch und war Befehlen gewöhnt. Sie fragte in knappen Sätzen: »Wer seid ihr? Was wollt ihr?« Dann sah ich, wie sich von der linken Straßenseite Gewehrläufe durch das hohe Elefantengras schoben. Die Gewehrläufe waren genau auf mich gerichtet. In der Zwischenzeit waren auch meine Frau und Birhane vom Brückengeländer zurückgetreten und hatten sich zu mir vor das Auto gestellt. Jetzt sahen wir Gewehrläufe von beiden Seiten der Straße auf uns gerichtet. Automatisch hatten wir unsere Hände über den Kopf erhoben, und ich versuchte ruhig zu bleiben, während ich den Soldaten, die sich uns nicht zeigten, erklärte, wer wir sind und warum wir hier auf der Brücke angehalten haben. Ich beteuerte, daß ich nichts von dem Verbot gewußt hätte. Außerdem seien die Nachrichten in Amharisch verlesen worden, und wir sprechen die Omorosprache. Die Gewehrläufe zeigten weiterhin auf uns. Und wir bekamen die Soldaten, mit denen wir redeten, auch jetzt nicht zu Gesicht. Für eine Weile war es jetzt ruhig, nur die Gewehrläufe zielten weiterhin auf uns. Wir hielten unsere Hände weiterhin über dem Kopf. Die Männer schienen sich zu beraten. Es dauerte eine geraume Zeit, dann wurde uns von der gleichen immer noch barschen Stimme mitgeteilt, daß wir uns jetzt in unser Auto setzen sollten und langsam weiterfahren. Die Gewehrläufe waren immer noch auf uns gerichtet.

Ich wollte dem Frieden nicht trauen. Ich stellte mir vor, daß die Soldaten uns rücklings erschießen würden, wenn wir versuchten, uns in den Wagen zu setzen. In den Nachrichten heißt es in solchen Fällen: »Ausländer wurden bei einer Säuberungsaktion versehentlich erschossen.« Von ihren Vorgesetzten hätten die Soldaten nichts zu befürchten. Sie hatten ja nur ihre Pflicht getan. Unser einziger Hoffnungsschimmer war die Tatsache, daß die Soldaten Omoros waren und wir uns mit ihnen in ihrer Muttersprache verständigen konnten. Das bedeutete für sie, daß wir Missionare aus dem Westen waren. Missionare, die schon eine

Weile im Lande lebten. Denn die neuen Weißen, die nach der Revolution ins Land kamen, das waren Russen, Kubaner und die Ostdeutschen. Die lernten niemals die Omorosprache, sondern nur die Landessprache Amharisch.

Nur langsam und zögernd stiegen wir in das Auto. Dabei vermieden wir jede schnelle oder verräterische Bewegung. Meine Hände zitterten, als ich versuchte, den Schlüssel in das Zündschloß zu stecken. Kurz darauf heulte der Motor auf. Viel zu laut, wie es mir schien, aber das war jetzt egal. Ich gab behutsam Gas und ließ den schweren Wagen langsam anrollen. Dabei beobachtete ich die Gewehrläufe, die immer noch auf mich gerichtet waren. Mir war klar, daß eine Kugel das Auto leicht durchschlagen konnte. Im Rückspiegel sah ich, wie die Gewehrläufe sich langsam drehten und weiterhin auf das langsam fortrollende Auto zielten. Behutsam beschleunigte ich den Wagen. Langsam wurde ich ruhiger. Meine Frau und Birhane sagten kein Wort. Nach der Brücke ging die Straße bergauf, danach kam eine langgezogene Linkskurve. Hinter der Biegung fühlte ich mich ein wenig sicher. Ich hielt den Wagen noch einmal kurz an, denn obwohl ich ruhiger wirkte, bekam ich erst jetzt weiche Knie. Wir atmeten alle tief durch. Erst jetzt wurde uns allen bewußt, in welcher Gefahr wir gestanden hatten.

Als wir nach fünfundvierzig Minuten in Ghimbi ankamen und unsere Geschichte erzählten, schüttelten alle nur den Kopf. »Das ist ein Wunder«, sagten manche, und andere meinten: »Gott ist groß!« Denn noch vor einer Woche war ein Ausländer, so hieß es in den Nachrichten, aus Versehen erschossen worden. Die Regierung beteuerte darüber ihr Bedauern. Gamatschu, einer der Lehrer, sagte immer nur: »Daß die nicht geschossen haben, daß die nicht geschossen haben« – und schüttelte dabei immer wieder seinen Kopf.

Die Macht des Bösen

In der Volksrepublik Benin, dem früheren Dahome, in Westafrika, gab es immer noch keine Schule für gehörlose Kinder. Man nannte die Kinder taubstumm. Sie blieben daheim und halfen bei der Arbeit. »Die sind nicht ganz bei Verstand«, sagte man und schaute sich vielsagend an. »Gehörlose sind dumm«, das war dann auch schnell das Pauschalurteil der Dorfgemeinschaft.

Vor mir lag ein Brief des Gehörlosenverbandes der Volksrepublik Benin auf dem Schreibtisch. Für einen Außenstehenden begann der Brief völlig ungewohnt mit einem Gruß im Namen Gottes, und er endete mit den Worten: »Gott wird es euch vergelten, wenn ihr uns helft.« Ich kannte diesen Briefstil. Mit der Zeit überfliegt man diese biblischen Grüße und sucht nach dem scheinbar wahren Inhalt des Briefes, nach der Bitte um Hilfe. Mir wurde auf einmal klar, daß wir diese Bittbriefe recht europäisch lesen, völlig ohne Gefühl, nur sachlich.

Missionare und Helfer aus dem Westen können sich oft nicht vorstellen, daß es Christen gibt, die anders denken als wir. Vielleicht meinen wir, weil aus Deutschland so viele theologische Literatur kommt, daß wir es eben wissen müssen. Christen in Afrika glauben anders. Sie glauben, daß Gottes Segen niemals alleine kommt, sondern daß sein Segen auch die praktische Hilfe mit einbezieht. Afrikaner denken ganzheitlich. Sie sagen: Der Glaube gehört ins Leben hinein und in die Welt, und wenn alle Christen auf der Welt Kinder des einen Gottes sind, den wir unseren Vater nennen, dann wollen wir den Teil des Reichtums haben, der auch uns zusteht. Solch ein Denken ist für uns unbequem. Wir sind lieber die reichen Geber, denn wir kommen aus den Geberländern. Ich denke manchmal, daß uns unser Reichtum blind gemacht hat. Wir überbewerten unser Geld bei einer Partnerschaft mit den jungen Kirchen in Afrika. Darum nehmen wir die Segnungen unserer Partner auch nicht mehr ernst. Wir sehen sie als frommen Schnörkel an. Aber vielleicht entgeht uns dadurch tatsächlich Gottes Segen?

Ich war nach Benin eingeladen, die Situation der Gehörlosen mußte erkundet werden. Ich schaute in meinem Terminkalender nach. Es gab kaum noch eine freie Woche für eine zusätzliche Dienstreise. Aber in drei Wochen konnte ich Benin in eine Westafrikareise mit einbinden. Eigentlich wollte ich nach Togo, Ghana und Liberia fliegen. Die Reiseplanung war mit Projektbesuchen schon randvoll, aber mit ein paar Umbuchungen konnte mir das Reisebüro eine Route ausarbeiten, die in Benin begann. Bevor ich den Flug zur Hauptstadt Cotonou buchte, prüfte ich in einem Afrika-Jahrbuch nach, ob an diesen Tagen ein öffentlicher Feiertag war. Das gehört mit zu den Standardvorbereitungen einer Reise. Sonst kann man böse Überraschungen erleben und vor verschlossenen Türen stehen. Ich war froh, daß in der Woche, in der ich meine Reise geplant hatte, kein Feiertag angegeben war.

Das Hauptproblem bei der Reisevorbereitung war ein Visum. In Kenia gab es keine Botschaft der Volksrepublik Benin. Ich konnte nur in Äthiopien ein Visum erhalten. So buchte ich eine Rundreise, über Addis Abeba nach Cotonou. In der Botschaft von Benin war man sehr freundlich und sagte mir telefonisch, daß ich das Visum innerhalb von zwei Tagen bekommen könne. So hatte ich in Äthiopien genügend Zeit, um die evangelische »Mekane Yesus Kirche« und die vielen Projekte, die die Mission unterstützt, zu besuchen. Als ich eine Woche später in Addis Abeba landete, war es sommerlich warm, aber an den Abenden kühlte es stark ab. In den Nächten merkte man, daß Addis Abeba 2 700 Meter hoch liegt. Ich traf alte Bekannte und Freunde aus den Jahren, in denen ich selber hier im Lande gearbeitet hatte. So vergingen die Tage wie im Fluge. Das Visum erhielt ich, wie versprochen, schon nach zwei Tagen. Endlich war es soweit, ich saß in der Maschine der »Ethiopian Airlines« in Richtung Westafrika.

Als die Maschine in Cotonou landete, ging die Sonne gerade unter. Die Passagiere drängelten sich im Mittelgang. Mit der Aktentasche in der Hand wurde ich geschoben und geschubst. Je näher wir dem Ausgang kamen, um so schwüler wurde es. Durch die Klimaanlage im Flugzeug war ich immer noch abgekühlt, aber das hielt nicht lange vor. Die Luftfeuchtigkeit und die Hitze an der westafrikanischen Küste siegten bald, und ich schwitzte wie in einer Sauna. Bei der kleinsten Anstrengung standen mir die Schweißperlen auf der Stirne.

Die Einreiseformalitäten waren schnell erledigt. Ich suchte meinen Koffer und kam unbehelligt durch den Zoll. Am Flugplatz tauschte ich etwas Geld um und suchte mir ein Taxi. Den Fahrer bat ich, mich zum Hotel De-La-Plage zu fahren. Als ich beim Empfang meinen Namen nannte, bestätigte man, daß für mich ein Zimmer für die nächsten zwei Tage gebucht sei. Die Buchung von Nairobi aus hatte also geklappt. Das De-La-Plage war ein kleines weißes, zweistöckiges Gebäude, das mich an alte Kolonialbauten erinnerte. Das Zimmer im ersten Stock war auf den ersten Blick sauber, aber als ich duschen wollte, entdeckte ich riesige, bis zu acht Zentimeter lange Küchenschaben. Die Küchenschaben wohnten auch in dem Schrank und auf dem winzigen Balkon. Aber für Küchenschaben war ich gewappnet. Ich ging tapfer mit einem neuen Insektenspray an die Arbeit. Ich ließ keine Ecke aus. Danach ging ich zum Abendessen hinunter in den Speisesaal. Als ich später am Abend zu Bett gehen wollte, waren die Küchenschaben aber immer noch lebendig. Erst am nächsten Morgen lagen sie benommen auf dem Rücken.

Nach dem Frühstück wurde ich von einem Fahrer des Gehörlosenverbandes abgeholt. Er stellte sich als Michael Alladaye vor. Er war trotz der Hitze adrett gekleidet. Einem Gast gegenüber zeigt man sich niemals allzu locker oder gar schlampig. Auch das gehört zur Gastfreundschaft. Den alten Datsun hatte er vor dem Hotel geparkt. Wir fuhren durch die Stadt, die eher einem größeren Dorf ähnelte. Es dauerte nur eine knappe Viertelstunde, bis wir unser Ziel erreicht hatten. Der Verband hatte sein Büro in einem Bürogebäude eingerichtet. Nach einer freundlichen Begrüßung setzten wir uns in das Sitzungszimmer. Dort fand das Gespräch statt. Dieses Zimmer sah aus wie viele Zimmer in all den Bürogebäuden in Afrika, die mit den Jahren und wegen Geldmangel nicht instandgesetzt werden konnten. Es fehlte nicht nur an einer ordentlichen Büroausstattung, sondern auch an Farbe. Der Leiter des Gehörlosenverbandes wurde mir als Herr Adolphe Biaou vorgestellt. Er war nicht nur gehörlos, er war auch stumm. So kam es, daß er mir einen Zettel zuschob, auf dem seine Begrüßungsrede stand. Es waren viele freundliche Worte. Durch seinen Kollegen ließ er mich wissen, daß ich doch bitteschön meine Antworten für ihn auch aufschreiben möchte. Solch eine Sitzung hatte ich noch nie erlebt. Sie dauerte mehrere Stunden. Ohne Unterbrechung wurden Zettel hin- und hergeschoben. Es wurde geschrieben, gerechnet und Geschriebenes wurde wieder durchgestrichen. Ich hatte noch nie eine solch geschäftige, leise Sitzung erlebt. Meine »Gesprächspartner« waren voll bei der Sache. Nach der Sitzung hatte ich ein nahezu fertiges Protokoll zur Hand. Den Abend verbrachte ich damit, daß ich die Notizen sortierte und anfing, meinen Reisebericht zu schreiben. Die Klimaanlage ratterte ziemlich laut, aber ohne diese Abkühlung war nicht an Arbeit zu denken. Die Küchenschaben waren tagsüber von der Putzkolonne weggefegt worden.

Am nächsten Morgen war ich schon bald auf den Beinen. Die ratternde Klimaanlage ließ mich nicht schlafen. Für heute war ein Besuch in einem Krankenhaus vorgesehen. Ich wußte davon vorher nichts, der Besuch war also nicht geplant, aber man wollte keine Chance vergehen lassen, ohne sie zu nutzen. Ein Besucher einer Mission kommt nicht alle Tage. Als ich beim Frühstück ein Kännchen Kaffee bestellte, schüttelte der Kellner, der meine Bestellung aufnahm, den Kopf und meinte: »Bei uns bekommen Sie nur Tassen Kaffee.« Der Kellner servierte den Gästen kochendheißen Kaffee direkt von einer Heizplatte. Weil ich aber heißen Kaffee nicht mag, bat ich den Kellner um eine zweite Tasse. Wenn beide Tassen voll Kaffee waren, konnte die zweite Tasse abkühlen, während ich die erste trank. So entstand folgendes Gespräch: »Sie wünschen also ein zweites Gedeck. Kommt Madame später?« – »Nein, ich wünsche kein zweites Gedeck, sondern nur eine zweite Tasse.« »Aber will denn Madame nichts essen?« »Ich bin ohne Madame hier. Ich möchte nur zwei Tassen haben, damit der Kaffee abkühlen kann.« »Aber der Kaffee muß doch heiß sein, darum bringe ich Ihnen eine Tasse nach der andern. Der Kaffee darf nicht abkühlen.« »Ich möchte ihn aber abgekühlt trinken, denn ich mag keinen heißen Kaffee!« Schließlich brachte mir der Kellner eine zweite Tasse, aber jedesmal, wenn er an meinem Tisch vorbeikam, schüttelte er den Kopf und dachte sicherlich: Diese verrückten Weißen!

Der Lärm und das Getümmel auf der Straße war um diese Zeit

eher ungewöhnlich. Um acht Uhr wirkte die Stadt sonst noch verschlafen. Aber heute war das anders, als ich nach dem Frühstück vor dem Hotel auf Adolphe Biaou wartete. Ich sah, wie eine große Menschenmenge – Frauen, Männer und Kinder – alle in eine Richtung gingen. Es sah so aus, als ob sie alle zu einer Großkundgebung gingen. Herr Adolphe Biaou hatte mir gestern nichts von einer Versammlung oder von einem Feiertag gesagt. Ich konnte mir nicht vorstellen, was das zu bedeuten hatte. Ich mußte eine Weile warten, bis Herr Biaou kam. Er hatte sich verspätet, weil er an einer Tankstelle warten mußte. Benzin gab es nicht jeden Tag, und er hatte gehört, daß gerade eine neue Lieferung angekommen war. Da heißt es schnell zugreifen, sonst geht man leer aus.

Herr Alladaye saß hinter dem Steuer und Herr Biaou auf dem Rücksitz. Ich wurde aufgefordert, mich neben den Fahrer auf den »Ehrenplatz« zu setzen. Auf dem Weg zum Krankenhaus fuhren wir zuerst durch die Vororte. Schon in den Vororten sah die Straße wie ein breiter Feldweg aus. Roter Staub lag zentimeterdick, die Erde wirkte verbrannt. Nur die Straßen der Innenstadt waren asphaltiert. Wenig später kamen wir durch ein kleines Waldstück. In diesem Hain entdeckte ich an vielen Bäumen Schalen mit Reis, Gemüse oder Obst. Um die Schalen herum waren Hölzer in den Boden gesteckt. Es sah aus, als ob die Schälchen eingezäunt wären. Ich fragte Herrn Alladaye, was das zu bedeuten hätte. Er erklärte mir: »Dies sind alles Opfergaben für unsere Ahnen, für die Verstorbenen. Die meisten Menschen bei uns glauben, daß die Toten unser Leben mitbestimmen. Sie sind überzeugt, daß die Ahnen das Schicksal ihrer Familien beeinflussen. Darum bringen sie ihnen Opfergaben. Heute ist außerdem ein besonderer Tag. Es ist der Tag, an dem wir an die Toten denken. Darum sind so viele Leute auf der Straße.« Jetzt war mir vieles klar, und weil dieser Feiertag ein religiöser Feiertag ist, war er nicht in meinem Afrika-Handbuch aufgeführt. Darin standen nur die offiziellen Feiertage.

Benin ist das Geburtsland des Voodookultes. Voodoo ist ein magisch-religiöser Geheimkult, der in Benin niemals seine finstere Macht verloren hat. Die Menschen wollen die Verstorbenen mit Opfergaben gnädig stimmen. Der Voodookult ist mit den

Sklaven in die neue Welt gekommen. Heute bringt man ihn mehr mit Haiti in Verbindung als mit Benin. Ich kannte das Ahnenopfer aus anderen Ländern Afrikas, aber so viele Opferstätten in einem extra dafür bestimmten Hain, das hatte ich noch nie gesehen. Leider konnte ich mit Herrn Biaou nicht über den Glauben reden. Wir konnten nur immer wieder Zettel hin- und herschieben. Aber mit Herrn Alladaye konnte ich reden, und wir waren dankbar, daß wir als Christen uns nicht vor unseren Ahnen zu fürchten brauchen.

Der Besuch im Krankenhaus verlief zügig. Der Hals-, Nasen-, Ohrenarzt klagte uns seine Not. Endlich war da jemand, der ihm zuhörte. Es gab im ganzen Krankenhaus nicht genügend Instrumente und kaum Medizin. So macht das Arbeiten keine Freude. Es ist für viele afrikanische Fachärzte schwer zu verkraften, daß sie ihren Patienten oft nicht helfen können, weil ihnen die Mittel fehlen. Und dabei wissen sie um den Reichtum bei uns im Westen. Nach einem ausgiebigen Rundgang und vielen Gesprächen machten wir uns auf den Rückweg.

Noch bevor wir an die Kreuzung der Staubstraße kamen, die in den Opfer-Wald führte, hörten wir Trommelmusik, die immer lauter wurde, als wir näher kamen. Dazu mischte sich das rhythmische Singen von Hunderten von Menschen. Zuerst sahen wir nur eine riesige Staubwolke. Herr Alladaye fuhr jetzt sehr langsam. Vor der Kreuzung mußten wir anhalten. Uns bot sich ein ungeheures Schauspiel. Wir sahen Hunderte halbnackter Frauen und Männer, die in breiter Front durch die Staubstraße tanzten. Bekleidet nur mit einem Schurz, tanzten sie die Straße entlang. Musikanten mit ihren Rhythmusinstrumenten feuerten die Massen immer neu an. Singend und tanzend bewegte sich die Prozession nur langsam weiter. Die im Takt stampfenden Füße wirbelten eine große Staubwolke auf. Entfesselte Kräfte waren hier am Werk. Wir mußten eine halbe Stunde an der Wegkreuzung warten. Ich fragte mich, was daraus werden sollte. Ich kannte den Sinn der Prozession nicht, ahnte nicht einmal, mit welchen Mächten ich es hier zu tun bekam. Aber ich sollte schon wenig später die Macht des Voodoo erleben:

Nachdem wir mein Hotel wieder erreicht hatten, verabschiedeten wir uns wie alte Bekannte. Ich versprach, zu schreiben, wenn mein Bericht verfaßt war. Am nächsten Tag wollte ich nach Togo weiterfliegen. Ich hatte in der Hauptstadt Lome verschiedene Dienste. Zwischen den beiden Ländern Benin und Togo ist ein Zeitunterschied von einer Stunde. Und weil die Flugzeit nur dreißig Minuten dauert, kommt man eine halbe Stunde vor dem Abflugtermin an. Mein Flugzeug startete um 15 Uhr; die Ankunft in Lome war für 14.30 Uhr vorgesehen. An diesem letzten Abend im Hotel wollte ich mich nach dem Abendessen in meinem Zimmer auf die weitere Reise vorbereiten. Die Klimaanlage ratterte zwar, aber es war schön kühl zum Arbeiten.

Aber dazu kam ich nicht mehr. Kaum war ich in meinem Zimmer angelangt, überkam mich ein starker Brechreiz. Ich eilte zur Toilette. Im gleichen Augenblick machten mir Magenschmerzen zu schaffen. In dieser Nacht habe ich kein Auge zugemacht. Durchfall und Erbrechen lösten einander ab. Tabletten aus meiner Reiseapotheke halfen nicht. Ich hatte nur noch eine Wasserflasche im Zimmer. Aber ich war zu schwach, um in den Speisesaal zu gehen und mir eine weitere Flasche zu holen. Mir war so elend zumute, daß die Reise nach Togo wie ein riesiger Berg vor mir lag. Wie sollte ich meinen Koffer packen, die Rechnung bezahlen, ein Taxi rufen und zum Flugplatz fahren? Soviel Kraft hatte ich nicht mehr. Mein Kreislauf spielte verrückt. So betete ich laut: »Du kannst mir auch jetzt weiterhelfen. Du bist mein Arzt.« Aber mein Gebet schien nichts zu nützen. Um 13 Uhr sollte ich am Schalter der Air-Afrique sein. Ich fragte mich: Wie willst du das alles schaffen? Ich hatte in den letzten Jahren in Afrika schon viel Erfahrung mit Durchfallerkrankungen gemacht, aber so übel war mir noch nie gewesen. Irgendwie habe ich es dann doch geschafft. An ein Frühstück war nicht zu denken. Es dauerte sehr lange, bis ich mich angezogen hatte. Völlig entkräftet stand ich dann unten im Empfangsraum, um die Rechnung zu bezahlen. Glücklicherweise konnte ich mich dabei setzen. Ein Hotelangestellter holte meinen Koffer vom Zimmer. Nach einer Weile kam das Taxi. Der Fahrer war sehr hilfsbereit. Der sah, daß ich sehr schwach war. Im Taxi überdachte ich die nächsten Tage. In wenigen Stunden wird mich Herr Pasco am Flugplatz in Lome abholen. Wahrscheinlich wird es das Beste sein, wenn ich die Reise abbreche. In der Zwischenzeit waren wir am Flugplatz angelangt. Der Fahrer trug mir meinen Koffer bis zum Schalter der Fluggesellschaft. Die Warterei machte mir zu schaffen. Der Brechreiz wollte wieder kommen. Endlich war es soweit, unser Flug wurde aufgerufen, wir durften in das Flugzeug einsteigen. Erschöpft, aber doch dankbar, daß ich diesen Riesenberg mit Gottes Hilfe geschafft hatte, setzte ich mich auf meinen Sitz. Die Maschine setzte sich in Bewegung. Der Pilot steuerte das Flugzeug zu der Startposition. Dort gab es noch einmal einen kurzen Stop. Der Pilot wartete auf die Starterlaubnis. Laute Musik kam aus den Lautsprechern. Als das Flugzeug startbereit war, wurde die Musik abgeschaltet. Wir hörten die Stimme eines Stewards: »Meine Damen und Herren, wir begrüßen Sie ganz herzlich zu unserem Flug nach Dakar über Lome und Abidjan. Nach dem Start werden Ihnen Getränke serviert. Wir wünschen Ihnen einen guten Flug.« Wenig später setzte sich die Maschine wieder in Bewegung, wurde schneller und hob vom Boden ab.

Und nun geschah das Unglaubliche: In dem Augenblick, in dem wir in der Luft waren, war ich wieder gesund. Ich hatte nicht die geringsten Magen- oder Darmbeschwerden mehr. Ich verspürte einen Riesenhunger und freute mich auf ein ausgiebiges Frühstück in meinem Hotel in Lome. Als wir nur eine halbe Stunde später in Togo landeten, stieg ich die Gangway hinunter, als wenn ich gar nicht krank gewesen wäre. Ich konnte es selber nicht fassen. Alle Symptome der Krankheit waren wie weggeblasen. Preist den Herrn dafür!

Seither weiß ich, wie verwundbar wir Menschen sind. Und ich weiß um Kämpfe in der unsichtbaren Welt. Mein Fehler war, daß ich bei meiner Erkrankung nur nach natürlichen Ursachen gesucht hatte. Aber Gott ist groß! Er schützt seine Kinder. Er läßt uns nicht alleine. Er ist der Herr. Das hatte ich auch bei dieser Reise wieder erleben dürfen.

Beziehungen sind wichtig

Vor meinem ersten Besuch in Sierra Leone hatte ich mich mit der Geschichte des Landes beschäftigt. Ich überflog noch einmal meine Notizen während des Fluges nach Westafrika: In einem Afrikahandbuch konnte ich lesen, daß die Portugiesen die Küste schon im Jahre 1461 erkundeten. Damals betrieben sie hauptsächlich Handel mit dem »weißen Gold«, dem Elfenbein. Die dunkle Zeit der Sklaverei begann erst im 17. Jahrhundert. Damals haben wir, die Weißen, viel Schuld auf uns geladen. Wir haben den Völkern an der Westküste Afrikas viel Leid zugefügt. Die Holländer, Engländer und Franzosen wetteiferten im Sklavenhandel. Im 17. Jahrhundert blühte der Sklavenhandel dort an der Westküste Afrikas. Männer, Frauen und Kinder wurden nach Amerika deportiert.

Auf einer dem Festland von Sierra Leone vorgelagerten Insel können wir heute noch die schweren, in den Felsen eingelassenen Eisenketten sehen, an denen die Sklaven angekettet waren. Da gab es kein Entrinnen! Der eigene Wille war gebrochen! Erst nach dem amerikanischen Unabhängigkeitskrieg, der 1783 beendet wurde, zog es viele ehemalige Sklaven aus Jamaika und Amerika zurück nach Afrika in die alte Heimat. Damals wurde die Stadt Freetown gegründet. Übersetzt heißt Freetown »die freie Stadt«. Die Stadt der freien Menschen. Aber es dauerte noch viele Jahre, bis der Staat auch seine politische Unabhängigkeit im April 1961 erlangte.

Der Name der Stadt Freetown erinnert jeden Besucher an die schreckliche Zeit des Sklavenhandels. Mir wurde der Name »Freetown« bei meinem Besuch zu einem Gleichnis für meinen Glauben: Seit dem Sündenfall sind wir Menschen in die Sklaverei der Sünde verkauft. Wir leben hier auf Erden im Lande der Unfreiheit. Wir sind buchstäblich an die Sünde angekettet. Der Apostel Paulus sagt in Römer 7: »Denn das Gute, das ich will, das tue ich nicht; sondern das Böse, das ich nicht will, das tue ich.« Und dann heißt es weiter: »Dank sei Gott durch Jesus Christus, unsern Herrn.«

Jesus Christus kam in unsere Welt, um uns aus der Sklaverei der Sünde zu befreien. Durch seinen Tod am Kreuz von Golgatha hat er die Sünde und den Tod für immer besiegt. Jetzt gibt es einen Weg aus unserer Sklaverei in die Freiheit. Jesus hat die Macht der Sünde auf Golgatha gebrochen. Wenn wir zu ihm kommen, werden wir freie Menschen. Golgatha ist unser Freetown! Golgatha, das ist der Ort, an dem wir zu freien Bürgern der ewigen Welt werden.

Ich wollte in Sierra Leone mit Regierungsvertretern über eine eventuelle Hilfe für eine Blindenschule reden und das Krankenhaus in Lunsar besuchen. Ich stand im Briefkontakt mit Frau Smith, die mich am Flugplatz abholen wollte. Frau Smith arbeitete im Kultusministerium. Ich flog mit der französischen Fluggesellschaft UTA. Es war ein Flug von Kinshasa nach Paris. In Lagos, Abidjan und Freetown gab es einen Zwischenstop. Ich hatte vorher in Nigeria zu tun und stieg in Lagos zu. Um mit dem Gepäck keinen Ärger zu haben, paßte ich besonders auf, daß mein Koffer wirklich ins Flugzeug kam. Ich wartete, bis der Koffer auf dem Fließband für die Flüge nach Freetown lag. Erst dann ging ich zum Flugzeug. Als wir dann später in Sierra Leone auf dem Lundi-Airport landeten, stand ich auf, um mit meinem Handgepäck zum Ausgang zu gehen. Normalerweise drängen und schieben die Passagiere zum Ausgang. Heute war das anders: Ich war der einzige Fluggast, der hier aussteigen wollte. Die anderen Passagiere hatten Paris als Flugziel. Sie beäugten mich voller Interesse, denn wer steigt schon in Sierra Leone aus. Paris ist doch viel schöner!

Die Gangway wurde ans Flugzeug geschoben, die Türe geöffnet und ich stieg die Treppen hinunter. Über den Asphalt war es nur ein kurzer Weg zum Flughafengebäude. Ohne die geringsten Schwierigkeiten passierte ich die Paß- und die Gesundheitskontrolle. Jetzt wartete ich bei der Gepäckausgabe auf meinen Koffer. Während ich immer noch in Richtung Kofferausgabe schaute, hörte ich eine freundliche Stimme: »Are you Mister Opitz?« Ich sagte: »Ja, der bin ich.« Als ich mich umdrehte, sah ich eine gutgekleidete, etwa sechzigjährige Afrikanerin, die sich als Frau Smith vorstellte. Sie trug eine schmale Brille, durch die mich fröhliche Augen anschauten. Obwohl Frau Smith sicherlich kurz vor ihrem Ruhestand war, war sie im Herzen jung geblieben. Sie gehörte der Methodistenkirche an, liebte ihren Beruf als Fachberaterin des Kultusministeriums und war noch niemals in Deutschland gewesen. Sie war verheiratet und hatte vier Söhne, die alle Lehrer geworden sind. Das alles erfuhr ich gleich in den ersten Minuten. Als ich mich noch einmal suchend nach meinem Koffer umsah, hörte ich den Pfeifton der Triebwerke. Ich hörte, wie das Flugzeug draußen auf dem Rollfeld auf den Start vorbereitet wurde. Die Gangway war schon weggeschoben, die Türe war geschlossen, die Positionslampen waren eingeschaltet. Ich schaute auf die Kofferausgabe, und dann sagte ich in ziemlicher Panik zu Frau Smith: »Mein Koffer ist noch in dem Flugzeug! Wir müssen das Flugzeug aufhalten.«

Frau Smith verstand sofort, und nun geschah das Unglaubliche. Nachdem sie sich versichert hatte, daß mein Koffer wirklich in dem Flugzeug sein mußte, sagte sie nur: »Machen Sie sich keine Sorgen, das sind alles frühere Studenten von mir, Sie bekommen ihren Koffer.« Dann rief sie verschiedene Beamte, die alle einmal ihre Schüler waren, und erklärte ihnen unser Problem. Frau Smith redete sehr schnell in ihrer Muttersprache Limba. Das Volk der Limba erlebte in der Mitte des 15. Jahrhunderts seine Blütezeit. Im Gegensatz zu den Temmne und den Sherbrostämmen, die an der Küste leben, besiedelten die Limba das Landesinnere. Zwischendurch benützte Frau Smith englische Sätze, und so hörte ich sie immer wieder sagen: »Wir brauchen den Koffer, das ist ganz wichtig!« Während die Männer an die Arbeit gingen, fing Frau Smith mit mir ein Gespräch über die Blindenschule und über die Ausbildung von blinden Erwachsenen an. Ich war nicht ganz bei der Sache und schaute immer wieder voller Skepsis zu dem Flugzeug, das startklar auf dem Rollfeld stand und auf die Anweisungen des Towers wartete. Ich wollte beinahe nicht mehr daran glauben, daß ich meinen Koffer heute noch wiedersehen sollte, als ein Herr von der Flugsicherung zu uns kam. Er redete wieder mit Frau Smith in Limba, wandte sich dann zu mir und sagte: »Wir können jetzt zum Flugzeug gehen.« Er stellte sich als Samuel Kamara vor.

Zu zweit gingen wir aus der Abfertigungshalle über das Rollfeld. Frau Smith hatte mein Handgepäck bei sich behalten. Vor dem Flughafengebäude pfiff der Beamte zwei Handlangern. Die sollten uns bei der Koffersuche helfen. In der Zwischenzeit waren die Triebwerke des Jets wieder abgeschaltet worden. Der Frachtraum war geöffnet und so gähnte im Bauch des Flugzeugs ein großes Loch. Ein mobiles Fließband führte in den Frachtraum. Wir kletterten in den Rumpf des Flugzeugs. Das Innere des Frachtraumes war in Sektionen eingeteilt. Ein Abteil war für Nigeria, eines für Sierra Leone, eines für Frankreich u.s.w. Zu meinem Erstaunen war das Abteil für Sierra Leone tatsächlich leer. Da war kein Koffer! Aber mir war klar: Mein Koffer mußte hier sein. Ich hatte in Lagos gesehen, wie er ins Flugzeug gebracht wurde. Also sagte ich Herrn Kamara, daß mein Koffer sicherlich in das Abteil für Paris gepackt worden war. Uns blieb nichts weiter übrig, als alle Koffer, die nach Paris gingen, von einer Ecke in die andere zu wuchten. Das dauerte eine ganze Weile. Die Minuten verstrichen viel zu schnell. Wir schwitzten um die Wette. Obwohl im oberen Teil des Flugzeugs bei den Passagieren die Klimaanlage auf Hochtouren lief, bekamen wir hier unten im Frachtraum nur die schwüle Hitze des Flugplatzes zu spüren. Ich beobachtete mit großer Sorge, wie der Haufen der Koffer, die wir noch nicht in der Hand gehalten hatten, immer kleiner wurde. Bis jetzt war mein Koffer noch nicht dabeigewesen und die Chance, den Koffer heute noch zu bekommen, sank ständig. Wir konnten jetzt schon den Boden des Frachtraums sehen. Vor uns lagen nur noch etwa zwanzig Koffer. Ich wollte schon resignieren, da entdeckte ich meinen Koffer als einen der letzten. Ich erkannte meinen Koffer immer schnell an der fehlenden Zierleiste. Die hatte ich auf irgendeiner Reise einmal verloren. Aber das war jetzt unwichtig. Wichtig war, daß ich meinen Koffer wieder hatte. Dankbar schüttelte ich den Helfern die Hände. Wir waren alle völlig naßgeschwitzt, aber glücklich.

Es dauerte nicht lange, da hörten wir, wie die Triebwerke

wieder eingeschaltet wurden. Ich schaute zum Fenster hinaus und sah, daß die Positionslampen der UTA wieder eingeschaltet waren. Sicherlich erteilten die Fluglotsen der Maschine jetzt die Starterlaubnis zum Flug nach Paris. Zeitungen wurden verteilt, Drinks serviert und die Reisenden wurden mit den Sicherheitssystemen des Flugzeugs bekanntgemacht. Ich schaute auf die Uhr. Mein Koffer hatte den Flug nach Paris eine Verspätung von einer Stunde und fünf Minuten gekostet. Sicher murrte manch einer der Reisenden. Die Stewardessen mußten besonders freundlich sein. Und ich frage mich, welche Entschuldigung den Passagieren wohl präsentiert wurde. Es wird sicherlich nicht geheißen haben: »Meine Damen und Herren, wir entschuldigen uns für die Verspätung, aber wir hatten einen Koffer für Sierra Leone in das falsche Deck gepackt, darum mußten wir so lange suchen. Jetzt haben wir ihn gefunden. Wir starten in wenigen Minuten. Wir wünschen Ihnen trotz der Verspätung einen angenehmen Flug!« Wie ich die Ansagen in den Flugzeugen kenne, wurde bestimmt etwas von einem technischen Problem geredet, das jetzt aber völlig beseitigt sei. Und irgendwie stimmte es ja auch: Die offene Verladeluke war ein technisches Problem. So konnte man nicht fliegen, und die Luke konnte erst geschlossen werden, als mein Koffer gefunden war.

Wie gut ist es, wenn man gute Beziehungen, wenn man die richtigen Beziehungen hat. Daran mußte ich später, bei meiner Rückreise, denken, denn mir war klar: »Ohne Frau Smith wäre mein Aufenthalt in Sierra Leone niemals so erfolgreich verlaufen. Ohne sie wäre ich ohne meinen Koffer am Anfang doch recht hilflos gewesen.« Wir Menschen pflegen unsere Beziehungen. Wenigstens die, die uns wichtig scheinen. Ich denke: Die wichtigste Beziehung eines Menschen ist immer noch seine Beziehung zu Gott. Aber bei vielen Menschen ist diese Beziehung gestört. Sie ist durch unsere Schuld und Sünde gestört. Wir sollten unsere Beziehung zu Gott neu überdenken. Aber da muß unsere Schuld in Ordnung gebracht werden. Da fällt mir Freetown ein, die Stadt der befreiten Sklaven. Anders geht es nicht! Die Sklaven konnten sich ja nicht selber befreien. Sie mußten befreit werden. Ihre Fesseln mußten gesprengt werden. Jesus Christus hat uns von der

Macht der Sünde befreit, er hat uns von der Sklaverei der Sünde befreit. Am Kreuz von Golgatha hat er uns diese Freiheit geschenkt.

Gelbsucht gab es gratis

Mit weichen Knien ging ich die Treppen zur Kofferausgabe auf dem Flugplatz Jomo-Kenyatta in Nairobi hinunter. Eben wurde die Ankunft des Fluges der Cameroon Airlines angesagt. Ich war gerade mit diesem Flug aus Douala angekommen. Ich hielt mich mit einer Hand am Geländer fest und freute mich, als ich die letzte Stufe geschafft hatte. Als ich einen dieser Wagen für den Koffertransport in den Händen hielt, war mir etwas wohler. Da konnte ich mich aufstützen und wenigstens beim Hinausgehen Haltung bewahren. Seit gestern war mir furchtbar übel. Ich dachte natürlich zuerst an eine Darmgrippe oder eine kleine Speisevergiftung, wie ich sie schon so oft durchgemacht hatte. Wer viel in Afrika reist, der kann ein Lied von solchen Magenverstimmungen singen. Selbst der Flug nach Hause, zurück nach Nairobi, war für mich diesmal kein Vergnügen gewesen, ich saß lustlos an meinem Platz. Normalerweise schreibe ich schon im Flugzeug den Reisebericht auf einer kleinen elektronischen Schreibmaschine, aber heute blieb der kleine Helfer unbeachtet im Seitenfach meiner Aktentasche. Der Flug dauerte mir diesmal viel zu lange. Endlich war ich daheim, den Koffer hatte ich mit Mühe auf den Wagen gehoben, jetzt ging ich auf den Ausgang zu. Als sich die automatische Schiebetüre öffnete, konnte ich meine Frau sehen, die auf mich wartete. Ich bin schon oft hier am Flugplatz angekommen, aber so erschöpft wie an diesem Tag war ich noch nie. Nach ein paar Tagen wußte ich, warum mir so übel war. Ich hatte mir bei dieser Reise nach Malabo, in Äquatorial Guinea, eine Gelbsucht geholt, ein Reiseandenken, das ich nicht so schnell vergessen werde. Aber ich will die Geschichte von Anfang an erzählen:

Ich wollte mir Reise-Infos bei meinem Reisebüro holen, fand auch schnell einen guten Parkplatz und ging die Treppen hinauf in das obere Büro zu Michael, dem Chef von »Menno-Travel«. Michael begrüßte mich mit dem üblichen »Hallo« und hörte sich dann meine Geschichte an. Während ich erzählte, nickte er immer wieder verstehend. Dann fragte er und kniff dabei die Augen zusammen: »Und Sie wollen wirklich nach Malabo?« Als ich die

Frage ganz ernsthaft bejahte, meinte er: »Da nehmen Sie mal ruhig einen ganzen Koffer mit Lebensmitteln mit; Dosenfleisch, Kaffee und Knäckebrot und Ihre eigene Apotheke sollten Sie auch dabei haben. Ich versichere Ihnen: In Malabo gibt es nichts zu kaufen. Das ganze Land ist ein einziges Chaos! Aber Sie werden das ja bald selber sehen!« Ich saß Michael in seinem Büro gegenüber, um einen Flug nach Äquatorial Guinea zu buchen. Eine Weltkarte spannte sich über die ganze Stirnseite des Zimmers. Meine Augen suchten Madrid und Malabo. Spanien war leicht zu finden, aber Malabo liegt dort in der Ecke zwischen Kamerun und Gabun. Michael redete gleich weiter: »Außerdem gibt es keine guten Flüge dorthin, nur mit viel Umsteigen in Westafrika. Und ein Visum bekommen Sie auch nicht in Kenia, da müssen Sie entweder nach Äthiopien oder aber am besten gleich nach Madrid, denn in Äthiopien klappt es nur in seltenen Fällen. Die Leute dort haben einfach kein Interesse am Tourismus. Ich habe über Äquatorial Guinea keine vernünftigen Unterlagen.« Ich hatte das Reisebüro aufgesucht, nachdem mir die Missionszentrale per Telex mitgeteilt hatte, daß der spanische evangelische Blindendienst in der ehemaligen spanischen Kolonie missionarisch arbeiten möchte und unsere Hilfe angefordert hatte. Man sei auch sehr an einer augenärztlichen Arbeit interessiert. Ich sollte das ganze Projekt begutachten. »Am besten gleich in Madrid«, dieser Satz blieb bei mir hängen, denn ich mußte mit meiner Frau sowieso in einer Woche nach Deutschland fliegen. In dem Fall war ein Rückflug über Madrid keine Mehrausgabe. Michael erledigte die Buchungen. Bei dem Zwischenstop wollte ich gleichzeitig die Gelegenheit nutzen und unseren neuen Partner kennenlernen. Zwei Wochen später war es soweit.

Wir landeten, wie geplant, mit einer Lufthansamaschine in der spanischen Metropole. Herr Pardillia holte uns mit seiner Sekretärin Maria am Madrider Flugplatz ab. Herr Pardillia ist eine imponierende Gestalt. Er ist ein Manager, der früh erblindete, und er ist Christ. Ein Mann, der seinen Glauben bezeugen will. Er ist ein hochgewachsener Spanier mit einem energischen Gesicht und weiß, was er will. Das alles macht ihn zu einem hervorragenden Partner für unser Unternehmen.

Wir bemühten uns gleich am nächsten Morgen um ein Visum

für Äquatorial Guinea. Das würde etwa drei Tage dauern, wurde uns gesagt. Wir merkten es auch hier, daß es nicht einfach ist, ein Visum für Äquatorial Guinea zu bekommen. Ein Visum bekommt man eigentlich nur, wenn man für das Land von Nutzen oder wenn man eingeladen ist. Wir hatten eine Einladung der evangelischen Kirche. Die Zeit des Wartens wurde uns nicht lang, denn so konnten wir einander besser kennenlernen und gleichzeitig über das gemeinsam geplante Projekt in Afrika reden. Bei den Gesprächen kamen wir natürlich auch auf die wirtschaftliche Lage von Äquatorial Guinea zu sprechen. Herr Pardillia erzählte mir alles, was er durch die Madrider Zeitungen über die ehemalige Kolonie wußte. Das war nicht viel, und was wir hörten, war nicht gut:

Der frühere Präsident Francisco Macias Nguema war ein Christenhasser. Er hatte die Kirchen beschlagnahmt und in Silos für den einzigen Exportartikel, Kakao, umgewandelt. Kreuze wurden verboten, die waagerechten Querbalken mußten von allen Kreuzen entfernt werden, meist wurden sie nur abgesägt oder abgeschlagen. Nichts sollte an die Christianisierung der Insel durch die Spanier erinnern. Alles, was heute noch an die Kolonialherrschaft der Spanier erinnert, sind die Sprache, der wöchentliche Flug der Iberia von Madrid nach Malabo und die spanische Botschaft. Aber mit der Schließung der Kirchen hatte der Präsident sich nur Feinde geschaffen, denn die Mehrzahl der Bevölkerung sind Christen. Es gibt eine große katholische und eine kleine evangelische Kirche. Die Christen hatten sich vehement gegen die religionsfeindlichen Gesetze gewehrt, aber sie waren erfolglos. So lebten sie ihren Glauben in aller Stille. Ihre Kirchen durften sie nicht benützen. Der Präsident brachte das Faß zum Überlaufen, als er vor ein paar Jahren erklärte: »Das Christsein an sich ist schon kriminell. Und wer sich zum Christentum bekennt, ist damit ein Krimineller!« Der Präsident forderte, daß sich die Bevölkerung von ihrem Glauben loslösen sollte. Das war für die Christen zuviel, das ging zu weit, das ließen sich die Gläubigen nicht gefallen; sie demonstrierten und gingen buchstäblich auf die Barrikaden. Sie stürmten den Palast des Präsidenten. Sie verjagten ihn aus der Stadt und schlugen ihn in die Flucht. Der Diktator flüchtete in den Urwald. Dort wurde er von seinen Untertanen gejagt und ermordet. Seit dem Tod des Diktators herrscht im

Lande wieder Religionsfreiheit und der Staat fördert ein großangelegtes Wiederaufbauprogramm. Hilfsorganisationen sind herzlich willkommen.

Nach all diesen Informationen im Hause von Herrn Pardillia, war ich auf die Reise und das Land noch mehr gespannt und fragte mich, wie die Reise wohl verlaufen würde. Ich wollte mich auf jeden Fall mit Lebensmitteln für zwei Tage eindecken. Am nächsten Tag flogen meine Frau und ich weiter nach Nairobi. Die Reise nach Äquatorial Guinea wollte ich später ohne meine Frau, zusammen mit Herrn Pardillia, unternehmen. Wir wollten uns in drei Wochen in Malabo treffen.

Wie schnell waren diese drei Wochen vergangen. Im Büro gab es viel Arbeit, die erledigt werden mußte. Dann war es soweit, ich saß wieder im Flugzeug in Richtung Westafrika. Diesmal hatte ich den Flug »Nairobi – Douala« bei der Cameroon Airlines gebucht. Corned beef, Knäckebrot, Kaffee und Zucker waren im Reisegepäck. Das Flugzeug war eine alte Boeing 720, die schon bessere Zeiten gesehen hatte. Wie viele Jahre diese Maschine tatsächlich auf dem Buckel hatte, konnte man nur ahnen. Mein Sitz kippte immer wieder nach hinten, wenn ich die Lehne aufrecht stellen wollte, und gleich beim Start fiel das Servierbrett aus seiner Halterung auf meine Knie. Um so mehr hoffte ich, daß wenigstens die wichtigen technischen Apparaturen am Flugzeug in Ordnung waren.

Am Zoll in Douala hatte ich keine Schwierigkeiten. Ich stand glücklicherweise in der Reihe, in der auch der oberste Beamte des Flughafenzolls Dienst tat. Der kam aus Westkamerun, aus Bamenda, und sprach ein hervorragendes Englisch. Wir hatten uns früher einmal kennengelernt, als mein Flug vier Stunden Verspätung hatte. Damals kamen wir ins Gespräch, und ich erzählte ihm von unserer Mission, die sich besonders für behinderte Menschen einsetzt. Dieser Zollbeamte hat eine blinde Tochter. Er wußte nicht, daß seine Kirche vor einem Jahr eine Blindenschule in Banso eröffnet hatte. Ich sagte ihm: »Gehen Sie zu Ihrer Kirche und melden Sie Ihr Kind an.« Dieses Gespräch hatte der Mann nicht vergessen, und er wußte natürlich, daß ich als Vertreter einer Mission für behinderte Menschen keine unerlaubten Waren in sein Land schmuggelte. Jedesmal, wenn ich den Flugplatz Douala passierte, wenn wir uns wiedersahen, gab es ein fröhliches Grüßen.

Vor dem Flugplatzgebäude standen die Taxis. Der Einheitspreis betrug 3 000 CFA, das waren umgerechnet etwa 30 DM. Mit dem Taxi fuhr ich vom Flugplatz in die Stadt zu meinem Hotel. Das Taxi fädelte sich in den fließenden Verkehr ein, aber schon wenige Kilometer nach dem Flugplatz wurden wir von einem uniformierten Beamten gestoppt. Der stellte sich in die Mitte der Straße und winkte den Wagen an die Seite. Der Mann erklärte uns, daß hier ein »Sicherheits-Check« sei. Ich konnte und wollte das nicht glauben, gab dem Mann mein Ticket und erklärte ihm, daß wir schon am Flugplatz durch den Zoll gegangen seien. Außerdem würde es in Kamerun keinen Sicherheits-Check geben. Solch einen Sicherheits-Check gibt es nur in Malawi im südlichen Afrika. Aber mein ganzes Reden beeindruckte den Beamten nicht. Der Mann wollte mein ganzes Gepäck durchwühlen. Ich war sicher, daß er dann alles, was ihm gefiel, konfiszieren würde. Er würde es einfach für sich behalten. Was sollte ich tun? Ein Mann mit einer Uniform hat in Afrika eine nahezu unangefochtene Machtstellung. Im Auto war es heiß, meine Kleidung klebte mir am Leib und ich hatte keine Lust auf ein langes Durchsuchen des Koffers. So legte ich diskret 500 CFA zu meinem Flugschein, reichte ihm das Ticket noch einmal und fragte, ob mein Sicherheits-Check am Flugplatz nicht doch genügen würde. Und siehe da, er genügte! Der Beamte zog sofort seinen Kopf aus dem Fenster zurück, stellte sich stramm in Positur und grüßte uns militärisch. Wir konnten weiterfahren. Der Taxifahrer hatte das alles beobachtet. Er bot sich an, mich am kommenden Tag zum Flugplatz zurückzufahren. Er meinte: »Wir kennen uns jetzt schon, und ich werde mit Sicherheit einen Weg fahren, wo wir diesem Burschen, wie er den Beamten nannte, nicht mehr begegnen.« Mit dem Handel war ich einverstanden.

Am nächsten Tag war ich schon früh auf den Beinen, ich wollte um 9.30 Uhr einen Flug nach Malabo erreichen. Das bedeutete, daß ich schon um 7.30 Uhr am Flugplatz sein mußte. Die Fahrt zum Flugplatz dauerte eine knappe Stunde, also wollte ich um 6.30 Uhr vom Hotel abgeholt werden. Mein Taxifahrer wartete schon, als ich mit meiner Aktentasche vor das Hotel trat. Er begrüßte mich auf englisch mit »Good morning, Sir«, packte den Koffer in seinen Toyota Carina, dann fuhren wir los. Wir erreichten den Flugplatz auch ohne Schwierigkeiten, es gab keine Extrakontrolle. Der Fahrer hatte seine Sache gut gemacht. Aber als ich ihm das Fahrgeld in Höhe von 3 000 CFA geben wollte, schüttelte er mit Bedauern den Kopf und meinte, diese Fahrt koste heute 3 500 CFA. Er sei doch meinetwegen einen Umweg gefahren, damit ich nicht wieder bei dem Sicherheits-Check vorbeikomme. Ich legte noch einmal 500 zu den 3 000 CFA und mußte laut lachen. Diese Burschen sind doch zu gerissen, wenn es darum geht, Touristen auszunehmen. Und ich war für den Mann nichts weiter als ein reicher Tourist. Mit Sicherheit war der Mann am Vortag kein offizieller Beamter gewesen, sondern höchstens ein »Freizeitbeamter«, der nach Feierabend in die eigene Tasche schafft, und auch mein Taxifahrer war keinen Umweg gefahren. Ich hatte schon öfter erlebt, daß mich Afrikaner mit einer solch genialen Schlitzohrigkeit reingelegt hatten. Ein Reisender, mit dem ich einmal solche Erlebnisse ausgetauscht hatte, sagte dann immer: »Eins zu null für Afrika, oder – Africa wins again!« Das war bald auch mein Spruch geworden.

Der Flug nach Malabo dauerte nicht lange. In Douala hatte ich mich schon an die Hitze gewöhnt, aber was mich in Malabo erwartete, war die unangenehmste Temperatur, die ich je erlebt hatte. Die Quecksilbersäule kletterte auf satte 36 Grad, und die Luftfeuchtigkeit lag weit über 90 Prozent. Dagegen sind 52 Grad trockenes Wüstenklima, wie ich sie im Norden Ghanas erlebt habe, direkt angenehm. Die Hitze und die hohe Luftfeuchtigkeit gaben mir das Gefühl, nicht genügend Sauerstoff atmen zu können. In den Räumen war es noch schlimmer als draußen. Die Hitze außerhalb des Flugplatzes war, im Vergleich zu der abgestandenen Luft in der Abfertigungshalle, eine angenehme Überraschung. Auf der Insel gab es keine öffentlichen Verkehrsmittel. Wer nicht von einem Bekannten abgeholt wurde, mußte entweder zu Fuß gehen, oder sich eine Fahrt erbetteln. Ich war dankbar, daß mich der Fahrer des Generalsekretars der Kirche abholte. Er brachte mich auch gleich zum Hotel. Ich hatte nur leichtes Gepäck, einen kleinen Koffer und eine Aktentasche. Ein erstes Treffen mit den Verantwortlichen der Kirche und mit Vertretern verschiedener Ministerien war für den nächsten Tag geplant. So konnte ich mich zuerst einmal in Malabo umsehen.

Es gibt in Malabo drei Hotels für Ausländer. Wir wußten natürlich nicht, welches der Hotels besser oder schlechter war. Darum hatten wir uns einfach bei unserem Besuch in Madrid mit Herrn Pardillia auf das letzte Hotel in der Liste mit dem exotischen Namen »Ureca« geeinigt. Dort traf ich auch Herrn Pardillia, der mit seiner Assistentin schon einen Tag früher angekommen war. Ich war dankbar, daß meine Zimmerbuchung von Nairobi aus funktioniert hatte. In der Rezeption bekam ich den Zimmerschlüssel mit der Nummer 23 in die Hand gedrückt, das war ein Einzelzimmer im zweiten Stock. Der Aufzug funktionierte nicht. Jedenfalls nahm mir ein Hotelangestellter den Koffer ab, und so stiegen wir in das zweite Stockwerk hinauf. Man konnte auf den ersten Blick sehen, daß die Zimmer einmal üppig ausgestattet waren. Aber nach vielen Jahren ohne Renovierung sah das Zimmer jetzt eher verkommen aus. Alles roch muffig und abgestanden. Ich wollte mich im Bad frisch machen, aber es gab kein Wasser. Ich entdeckte einen Eimer unter dem Waschbecken und hatte gleich eine üble Ahnung. Weil das Telefon nicht funktionierte, machte ich mich gleich noch einmal auf den Weg zur Rezeption, um zu erfahren, wie es mit dem Wasser im Bad aussieht. Es gab nur die zwei Möglichkeiten: Entweder war das Wasser ganz und gar abgestellt, oder es wurde Wasser gespart. Dann war es nur stundenweise abgestellt. An der Rezeption wurde mir ohne jegliche Entschuldigung gesagt: Wasser gibt es unten im Parterre, und ich könne mir das Wasser in dem Eimer, der unter dem Waschbecken stehe, selber holen. Die vielen Jahre der Diktatur hatte die Menschen hier verändert. Im Gegensatz zu Kenia, wo Touristen immer willkommen sind, wurden hier Hotelgäste nur als Störenfriede, als notwendiges Übel empfunden. Dieser erste Eindruck sollte sich später noch verstärken.

Am Nachmittag machte ich mit Herrn Pardillia eine Erkundungsfahrt in die Stadt und über die Insel. Die Kirche hatte uns diesen »Service« angeboten. Ein Angestellter der Kirche fuhr uns in einem alten Datsun. Wir waren tieferschüttert darüber, wie nach der Revolte gegen den früheren Präsidenten Nguema alles armselig zusammengeflickt war. Deprimierende Armut schaute aus jeder Hütte. In einem Supermarkt gab es praktisch nichts als leere Regale. Das heißt, die Regale waren nicht ganz leer, ihr Inhalt war einheitlich sortiert. Da gab es etwa zehn Meter Gläser mit sauren Gurken aus Bulgarien, zehn Meter mit Kernseife, eine Reihe mit Marmeladegläsern und Ananasdosen aus Holland. Die Verkäuferinnen saßen lustlos an der Kasse, sie schwatzten und ließen sich auch durch Kunden nicht aus der Ruhe bringen. Aber was sollten sie auch anbieten? Es gab nichts, wofür sich ein persönlicher Einsatz lohnte. Nichts, wofür eine fetzige Werbung und Reklame Nutzen bringen könnte. Wir fuhren weiter zu einer Apotheke. Da sahen wir auch nur leere Regale, das gleiche Bild. Mein erster Gedanke war: Hier darfst du nicht krank werden. Herr Pardillia, dem wir alles erzählten, was wir um uns sahen, fragte mich: »Wovon leben die Leute nur? Handel gibt es keinen, Industrie auch nicht.« Ich kannte die Antwort und sagte ihm: »Die Menschen leben hier, wie auch in Uganda und anderen Ländern mit Bürgerkriegen, nicht von ihrem Beruf, sondern von ihren Äkkern.« Jeder hat ein Stück Ackerland, und Erdnüsse, Bananen und anderes Obst gibt es überall in Fülle. Aber was helfen dir Bananen, wenn du krank bist, es gibt keine Augensalbe, kein Aspirin, keine Antibiotika, nicht einmal ein Heftpflaster gibt es zu kaufen.

Zum Abend waren wir bei einem Missionarsehepaar zum Essen eingeladen. Ich getraute mich kaum, etwas zu essen, denn ich dachte dauernd an die leeren Regale der Supermärkte in Malabo und die vollgestopften Regale bei uns in Nairobi. Unsere Gastgeber zauberten Reis und Gulasch auf den Tisch, dazu gab es eisgekühltes Wasser. Ein Ventilator schenkte uns die ganze Zeit über eine frische Brise. Nach dem Essen gab es viel zu erzählen. In Malabo hat man nicht viele Besucher, und so ist für die Missionare jedes Treffen eine gute Gelegenheit zum Austausch. Unsere neuen Freunde brachten uns am Abend mit ihrem Jeep wieder ins Hotel zurück. Am nächsten Tag wollten wir mit der Arbeit beginnen. »Room twentythree«, sagte ich kurz an der Rezeption, bekam den Schüssel und verabschiedete mich von Herrn Pardillia und seiner Sekretärin Maria. In meinem Zimmer war es ekelhaft heiß, selbst bei geöffneter Türe gab es keinen Durchzug.

Ich wollte früh aufstehen, um genügend Zeit zum Frühstücken

zu haben. Darum hatte ich mir noch am Abend einen Eimer mit Wasser vom ersten Stockwerk geholt. Am nächsten Tag weckte mich strahlender Sonnenschein. Obwohl ich die ganze Nacht über die Fenster sperrangelweit offen hatte, war es immer noch schwül im Zimmer. Die Nacht hatte keine Abkühlung gebracht. Ich ging zum Speisesaal und war erstaunt, daß der Saal groß und hell war. Der Raum machte auf den ersten Blick einen guten Eindruck, auf den Tischen lagen, soweit ich das sehen konnte, weiße Tischtücher. Ich setzte mich an einen Tisch und wartete, bis ein Kellner kam. Drei Männer standen hinten bei der Theke. Es dauerte eine Weile, dann kam einer von ihnen zu mir. Ich wollte nach einer Speisekarte fragen und dann das Frühstück bestellen. Aber noch ehe ich etwas sagen konnte, sagte der Kellner: »Wir haben nur Whisky. Wollen sie einen Whisky haben?« Ich schaute ungläubig drein, solch eine Begrüßung hatte ich noch nie in einem Speisesaal gehört. Natürlich wollte ich keinen Whisky. Ich wollte ein Frühstück. Daß der Mann die Sache mit dem Whisky ernst meinte, merkte ich erst, als er wieder zur Theke zurückging und dort gelangweilt aus dem Fenster schaute. Er hatte seinen Job getan. Gott sei Dank, hatte ich in Nairobi auf Michael gehört und mich mit Lebensmitteln eingedeckt. Kaffee und Milchpulver, Corned beef und Knäckebrot waren in meinem Zimmer. Ich brauchte mir also nur heißes Wasser zu erbitten. Das werden sie mir sicherlich geben.

Ich war wieder an meinen Tisch zurückgekehrt. Die Kellner hatten mich genau beobachtet. Die Männer sahen, was ich vor mir auf dem Tisch aufbaute. Da kam mein Kellner unaufgefordert und brachte mir ein Gedeck. Er versprach auch, daß er sich um heißes Wasser kümmern wolle. Nach einem kurzen Tischgebet bereitete ich mir meine Brote und wartete auf das heiße Wasser. Der Kellner hatte nicht zuviel versprochen. Nach wenigen Minuten kam er mit einem Kännchen kochendem Wasser wieder. Ich dankte freundlich und bereitete mir den Kaffee. So war ich eigentlich guter Laune, als Herr Pardillia und Maria kamen. Sie hatten sich auch schon ihren Essensvorrat mitgebracht. Die hatten gestern schon erfahren, daß es hier kein Frühstück gibt. Nach dem Essen packte ich meinen Proviant wieder in meine Aktentasche, stand auf und wollte gerade auf mein Zimmer gehen, als der

Kellner noch einmal an meinen Tisch kam und mir erklärte, ich solle doch bitteschön mein Geschirr in die Küche bringen und abwaschen. Ich hätte Hotelgeschirr benützt, und er sei für das Geschirr verantwortlich, daß es wieder sauber weggestellt werde. Ich glaubte, nicht recht zu hören. Sollte das ein Witz sein? Aber es war kein Witz. Der Kellner stand da und wartete auf meine Dienste. Da riß mein Geduldsfaden, und ich schimpfte mit dem Mann so deutlich auf deutsch, daß er einen Schritt zurücktrat. Ich schimpfte bewußt auf deutsch, damit mich der Kellner nicht verstehen konnte. Die Lautstärke sollte ihm genügen. Und sie genügte ihm. Der Mann ließ mich in Zukunft in Ruhe. Er ließ auch Herrn Pardillia in Ruhe, und wir konnten in den nächsten Tagen unser selbstmitgebrachtes Frühstück ungehindert auf hoteleigenen Tellern genießen.

Der nächste Tag war nicht so sehr ausgefüllt, wie wir dachten. Wir hatten nicht mit einer über vierstündigen Mittagsruhe gerechnet. Aber im Grunde konnte ich diese Pause nur zu gut verstehen, und ich gönnte jedem die Ruhe. Herr Pardillia schlug vor, uns in der spanischen Botschaft vorzustellen. So unternahmen wir auf eigene Faust einen längeren Spaziergang. Die Botschaft war von außen eher unscheinbar, aber sie hatte eine Klimaanlage. Ich bin überzeugt davon, daß dies die einzige funktionierende Klimaanlage auf der ganzen Insel ist. Wir wurden bei unserem Besuch, wie das so üblich ist, freundlich empfangen, und uns wurde vom Botschafter jede nur erdenkliche Hilfe zugesagt. Was in der Diplomatensprache soviel bedeutet wie: Wir haben nichts gegen euch, und wir hoffen, daß ihr unsere Hilfe nicht braucht! Als wir wieder in unser Hotel zurückgehen wollten und vor die Türe der Botschaft traten, schlug uns die Hitze gnadenlos entgegen. Sofort war meine Brille beschlagen. Ich plante gleich einen Rückzug mit den Worten: »Laßt uns noch einmal in die Botschaft zurückgehen, wir haben doch noch Zeit.« So kam es, daß wir uns im Vorraum noch eine ganze Weile aufhielten, bis es Zeit war, sich um ein Abendessen zu kümmern. Ein Abendessen wurde im Hotel angeboten, eine Speisekarte gab es nicht. Die wäre auch überflüssig gewesen, denn es gab immer nur ein Standardessen für alle. Der Kellner fragte also nicht: »Was möchten Sie zum Abendessen bestellen?« Sondern er sagte kurz und bündig: »Heute gibt es bei uns Kartoffeln, Gemüse und gekochtes Huhn.« Wir waren die einzigen Gäste in dem riesigen Speiseraum. Dabei hatte das Hotel einmal gute Zeiten gesehen. Man konnte das noch an der einst geschmackvollen Ausstattung des Saales erkennen. Aber wenn die Gäste ausbleiben, kann man keine Geschäfte machen.

Wir waren glücklich darüber, daß wir die spanische Botschaft entdeckt hatten. Das Wartezimmer in der Botschaft wurde für uns zu einem Ort, an dem wir uns immer wieder regenerieren konnten. Fast täglich gingen wir in die Botschaft, nur um uns ein wenig abzukühlen, um wenigstens für kurze Zeit wieder einmal tief durchzuatmen. Die Klimaanlage war bei dieser Luftfeuchtigkeit eine richtige Wohltat. Mir wurde unser täglicher Gang ins Wartezimmer der Botschaft, »um tief durchzuatmen«, zum Gleichnis für unser geistliches Leben. Bei Gott können wir durchatmen. Bei ihm dürfen wir tief durchatmen, wenn es uns zuviel wird. Er schafft für uns ein Klima, in dem wir uns wohl fühlen dürfen.

Am Tag der Abreise ärgerte ich mich über den Nepp des Hotels, daß wir für diese Bruchbude ohne jegliche Dienstleistung derart deftige Zimmerpreise in US-Dollars zahlen mußten, wie man dies sonst nur bei guten internationalen Hotels gewohnt ist. Aber was sollte alles Protestieren, wir waren ja nur Gäste im Lande! Herr Pardillia blieb noch einen Tag länger. Es gab nur einen Flug in der Woche von Malabo nach Madrid. Mein Flug nach Douala wurde täglich durchgeführt. Aber ich konnte auch erst am nächsten Tag nach Nairobi zurückfliegen. Hier in Äquatorial Guinea hatte ich mir die Gelbsucht geholt, die gab es gratis.

Entebbe meldet sich nicht

Der Urwald unter uns sah tatsächlich wie ein riesiges Petersilienfeld aus. Dieser Gedanke kam mir, als ich aus dem Fenster schaute. Ich saß hinter dem Piloten. Wir flogen gerade mitten über dem afrikanischen Busch zu einer Missionsstation. Genauer gesagt: Wir flogen von Isiro, einer Grenzstation in Zaire, nach Obo in der Zentralafrikanischen Republik. Nach einer weiteren Flugstunde änderte sich die Landschaft unter uns. Wir hatten den Urwald verlassen und erlebten den Übergang zur Steppe. Wir sahen nur noch vereinzelt Bäume. Unser Pilot flog mit dem »Aero Commander« nur 150 Meter über der Steppe. Die Landschaft war von der untergehenden Sonne in ein rötliches Licht getaucht. Ich freute mich an dem Spiel der Wolken über mir, an den sich ständig ändernden Farben. Unerwartet erlebten wir ein besonderes Schauspiel. Eine große Herde Waldelefanten war auf die Schonung vor dem Urwald gekommen. Man konnte sie nicht mehr zählen. Die Herde war durch den Flugzeuglärm aufgescheucht worden und raste unter uns genau in unserer Richtung davon. Manche der Tiere hatten die Schwänze hoch aufgerichtet, die Ohren flatterten und die Jungtiere versuchten, mit den Großen Schritt zu halten. Wenig später überflogen wir ein weiteres kleines Waldstück und verloren die Elefantenherde aus den Augen. Danach sahen wir die Graspiste von Obo vor uns. Es wurde für die Landung allerhöchste Zeit. Die Sonne war gerade untergegangen, und das Zwielicht kündete die schnell hereinbrechende Nacht an. Der Pilot drosselte die Motoren, zog die Maschine noch tiefer nach unten, machte einen letzten Bogen über der Missionsstation und setzte das Flugzeug auf der Piste auf. Ganz Obo war auf den Beinen. Alles, was laufen konnte, war von dem Motorenlärm angelockt worden. Als wir ausstiegen, schlug uns die Hitze Zentralafrikas entgegen. Während des mehrstündigen Fluges von Watsa in Zaire über Isiro hatte sich das Flugzeug gut abgekühlt, um so mehr spürten wir jetzt das feuchtheiße Klima. Wir waren dankbar, daß wir diesen ersten Reisetag ohne Schwierigkeiten hinter uns gebracht hatten.

Aber ich sollte der Reihe nach erzählen. So hatte alles angefangen:

Wir mußten dringend nach Bangui, der Hauptstadt in der Zentralafrikanischen Republik. Dort gab es Schwierigkeiten in einer Blindenschule. Aber um nach Bangui zu kommen, muß man zuerst nach Kinshasa in Zaire fliegen. Das ist ganz bequem, denn nahezu täglich starten Flugzeuge der Ethiopian Airlines von Nairobi nach Westafrika. Aber dann kann die Reise abenteuerlich werden. Man muß versuchen, in Kinshasa einen Flug mit der Air Zaire nach Bangui zu bekommen. Das kann lange dauern, denn selbst internationale Flüge werden ohne Begründung gestrichen, sie werden einfach abgesagt. Ich hatte auf früheren Reisen schon genügend Erfahrungen gesammelt. Darum wird die Air Zaire von Kennern scherzhaft »Air Peut-être« genannt, das heißt soviel wie »Vielleicht-Fluggesellschaft«.

Nun mußten wir dringend nach Bangui, wollten aber nicht das Risiko eingehen, unter Umständen tagelang in Kinshasa herumzusitzen, und so buchten wir einen Flug mit einer der Missionsfluggesellschaften in Nairobi. Da waren wir wenigstens sicher, keinen unnötigen Aufenthalt zu haben. Außerdem konnten wir auf all den kleinen Graspisten der verschiedenen Missionsstationen einen Stop einlegen, konnten unsere Mitarbeiter besuchen und ihnen Lebensmittel und Post aus Nairobi mitbringen. Manche Lebensmittel, die wir mit großer Selbstverständlichkeit genossen, waren im Inland Afrikas immer noch eine Delikatesse. Besonders beliebt waren frisches Gemüse, Käse und geräucherte Wurstwaren.

Mike, der Chefpilot, steckte mit uns die Reiseroute in seinem Büro am »Wilson-Airport« ab und empfahl uns eine Rundreise über den Zeitraum von fünf Tagen. Er sah schick aus in seinem blütenweißen Pilotenhemd mit den goldfarbenen Schulterklappen, die ihn als Piloten kennzeichneten. Meist kam Mike salopp angezogen auf dem Motorrad bei uns vorbei. In seiner Uniform sahen wir ihn nur selten. Auf der übergroßen Landkarte, die die ganze Stirnseite seines Büros einnahm, konnten wir die Streckenführung miterleben. Wir sahen uns in Gedanken schon auf der Reise. Mike mußte sich gewaltig strecken, um uns die nördlichen Ortschaften Obo, Zemio und Raffai auf der Karte zu zeigen. Wir wollten in Nairobi kurz vor 7 Uhr abfliegen, damit wir das Tagessoll von 1 600 Kilometern der Gesamtstrecke von 5 200 Kilometern gut schaffen konnten. Für diese Reise hatten wir eine Nachbarin von uns eingeladen, die mit ihrem Mann viele Jahre in Mali in Westafrika gelebt hatte. Sie sprach fließend Französisch, wir hauptsächlich Englisch. Sie wollte uns besonders in Bangui beim Übersetzen helfen.

Am ersten Tag der Reise wollten wir von Nairobi über den »Mobutu Sese Seko See«, dem früheren Albert-See, nach Bunia in Zaire fliegen. In Bunia hatten wir Post abzuladen. Wir konnten auch die Zollformalitäten erledigen. Danach war der Weiterflug nach Watsa und schließlich Isiro geplant. Das ist die Grenzstation von Zaire zur Zentralafrikanischen Republik. Am Ende des Tages wollten wir Obo anfliegen und dort bei Missionaren übernachten.

Jetzt waren wir also in Obo und schwitzten, obwohl es sich, wie uns die Missionare versicherten, zum Abend recht abgekühlt hatte. Besonders laute Freudenrufe lösten das mitgebrachte Gemüse, die Wurst und der Käse aus. Natürlich freute man sich auch über den Besuch aus Nairobi und die neueste Tageszeitung, aber wie überall, geht auch auf dem Missionsfeld die Liebe durch den Magen. Der Generator lief ausnahmsweise bis 22 Uhr. Tage, an denen Besucher kommen, sind Feiertage, und da wird viel erzählt. Nach 10 Uhr abends saßen wir noch weiter beim Licht einer Kerosinlampe beieinander und tauschten Neuigkeiten aus. In der Nacht plagten uns die Moskitos, die hier im Busch ein ungestörtes Leben führen können. Aber wir nehmen regelmäßig unsere Malaria-Tabletten ein.

Kaum war am nächsten Tag die Sonne aufgegangen, hörten wir Mike schon wieder am Flugzeug herumwirtschaften. Da gibt es viele Kleinigkeiten zu bedenken, und vor jedem Flug müssen regelmässig die verschiedensten Dinge überprüft werden. Eine lange »Checkliste« hilft dem Piloten, damit nichts vergessen wird. Mike ist ein »Profi«, der kennt alle Richtlinien und Bestimmungen auswendig. Wir sind dankbar, daß wir solch einen Mann bei uns haben. Nach einem kleinen Imbiß zum Frühstück begleitet uns die Gastfamilie zum Flugzeug, um uns noch einmal zu grüßen und um den Start mitzuerleben. Nachdem unser Flugzeug am

Horizont verschwunden ist, beginnt für sie wieder der Alltag. Oft sind es Tage der Entbehrungen und der Einsamkeit. Tage, an denen man unter der Hitze leidet und sich an der herrlichen Natur übersatt gesehen hat. Natürlich wissen Missionare, was sie auf dem Missionsfeld erwartet. Sie wissen sich auch von Gott gerufen und in den Dienst gestellt. Und während einer Woche voller Arbeit vermissen sie auch nichts. Aber dann, am Sonntagnachmittag, wenn die Angehörigen in Deutschland sich gegenseitig zum Kaffee einladen, da denkt man manchmal: »Schön wär's, wenn du dabei sein könntest.« Am nächsten Morgen sind die Gedanken an die Heimat dann längst wieder vergessen, denn eine neue Arbeitswoche hat begonnen.

Mike flog in einem großen Bogen über das Krankenhaus und nahm dann Kurs in Richtung Westen. Zuerst flogen wir weiter nach Zemio, lieferten die Post ab und flogen gleich weiter, denn wir wollten hauptsächlich die Missionsstation Raffai besuchen. Vom Erzählen kannten wir Raffai schon gut. Wir hatten viel von Dr. Barlow und seiner Frau gehört, die seit 40 Jahren im Missionsdienst standen. Zuerst arbeiteten sie viele Jahre in Äthiopien und jetzt hier, mitten im zentralafrikanischen Busch. Nach genau einer Stunde und 10 Minuten Flugzeit landeten wir in der Nähe des Hospitals auf einer gepflegten Graspiste. Wir wurden schon von Dr. Barlow erwartet. Dr. Barlow wirkte hager, und seine Haut zeigte die Spuren der Tropensonne, sie sah aus wie gegerbtes Leder. Unter der Brille funkelten lebendige braune Augen. Man sah ihm seine 76 Jahre nicht an. Um den Hals trug er noch immer das Stetoskop. Er hatte zu unserer Begrüßung auf dem Landestreifen nur den weißen Arztkittel ausgezogen.

Das Hospital Raffai liegt mitten im Urwald, so wie man sich normalerweise ein richtiges Missionskrankenhaus vorstellt. Hohe Bäume nehmen viel Licht, dafür ist es aber auch angenehm kühl. Zuerst machten wir einen Rundgang durch die ganze Station. Am nächsten Tag ist Sonntag, da wollen wir keine Arbeiten tun, die sich vermeiden lassen. Der Kirchenchor übte schon in der Kirche, wir hörten den frohen, mehrstimmigen Gesang. Die Vorhöfe vor den Häusern waren sauber gefegt. Kinder kamen uns auf der »Hauptstraße« strahlend entgegen und grüßten uns. Plötzlich rannte uns ein Helfer aus dem Hospital mit erhobenen Händen entgegen und schrie noch im Laufen: »Doktor, Doktor, bitte kommen Sie gleich, da ist ein Mann mit einer Bauchverletzung.«

Wir kehrten bei Frau Barlow ein und warteten dort auf ihren Mann. Der operierte schon seit zwei Stunden im OP. Frau Barlow hatte die vielen Jahre im Missionsdienst an der Seite ihres Mannes gestanden. Sie war das Herz der Familie. Schnell bereitete sie für uns Tee und holte dazu Kekse aus einer Dose. Es war gemütlich in ihrem Wohnzimmer. Die letzten Sonnenstrahlen des Tages fielen in das Zimmer.

Später, am Abend, hörten wir die Geschichte der Bauchverletzung: Es war Markttag, wie jeden Samstag, und dieser Mann hatte mit seinem Nachbarn Streit bekommen. Schließlich halfen Worte nicht mehr, und man griff zu den Waffen. Jeder der Streitenden nahm seinen Speer, es wurde gekämpft. Zuschauer umsäumten den Platz wie eine Arena. Als unser Patient dann am Boden lag, war guter Rat teuer. Freunde bauten eine schlichte Bahre aus Reisig, und dann wurde der Verletzte so schnell wie möglich zum Hospital gebracht. Unser Patient hatte eine gewaltige Bauchverletzung, und er wäre ohne Dr. Barlow sicherlich gestorben.

Auch hier in Raffai wird es wieder ein langer Abend. Gesprächsstoff gab es genügend. Wir entdeckten gemeinsame Freunde und Bekannte in Äthiopien und vergaßen die Zeit. Es war erstaunlich, wie Dr. Barlow nach dem anstrengenden Tag noch geistig interessiert war. Mit der Taschenlampe suchten wir am späten Abend unseren Weg durch die dunkle Missionsstation zum Gästehaus. Viel zu schnell verging der Sonntag.

Am Montag waren wir schon wieder früh unterwegs. Ein bescheidenes Frühstück, ein gemeinsames Gebet, ein kurzer Abschied, ein letztes Winken, dann hob der Aero-Commander ab. Das Flugzeug war wieder in seinem Element. Wir waren auf dem Flug nach Bangui. Von Obo bis Bangui konnten wir praktisch immer am Obangui-Fluß entlangfliegen. Alle Orte lagen an der einzigen Straße, die wie eine Ost-West-Achse das Land durchzieht. Bangui liegt direkt am Obangui, einem Seitenarm des Kongo, gerade dort, wo der Fluß seine westliche Richtung verläßt und südwestlich in den Kongo fließt.

In Bangui hatten wir mehr als schwierige Gespräche mit dem

Leiter der Blindenschule, aber das ganze Unternehmen war am Ende doch ein Erfolg. Darum konnten wir schon am nächsten Tag wieder an die Rückreise denken. Wie versprochen, machten wir wieder auf all den kleinen Stationen einen Zwischenstop. Diesmal, um Post nach Nairobi mitzunehmen. So ein Flugzeug ist für die Missionarsfamilien immer ein heißer Draht zur Heimat; eine gute Gelegenheit, um Grüße für Bekannte und Verwandte in Europa oder Amerika mitzugeben.

Beim Abflug in Obo nahmen wir noch ein Missionarsehepaar mit einem Kleinkind mit. Die wollten in Nairobi Urlaub machen. Ich saß neben Mike, meine Frau mit unserer Bekannten hinter uns und die neuen Fluggäste in der letzten Reihe. Wir hatten die gleiche Route gewählt und überflogen wieder Zaire, den Albert-See und freuten uns auf eine kurze Rast in Entebbe in Uganda. Dort wollte Mike auftanken, und wir konnten uns die Beine vertreten. Es ist wirklich keine wahre Freude, mit diesen kleinen Maschinen stundenlang zu fliegen. Die Passagiere sitzen recht eingeengt in der kleinen Kabine. Man kann nicht aufstehen, wie in den großen Flugzeugen. Der Flugplatz in Entebbe wurde in den vergangenen Jahren nicht repariert. Der Besucher sieht nach Jahren immer noch die zerschossenen Fensterscheiben, die von der Befreiung der israelischen Geiseln herrühren. Damals, zur Zeit Idi Amins, waren israelische Spezialeinheiten über Kenia eingeflogen worden. Sie befreiten die Geiseln in einer Blitz-Aktion. Auf den Toiletten gibt es seit dieser Zeit kein Wasser. Ugandische Soldaten stehen überall herum. Lässig halten sie ein Schnellfeuergewehr in der Hand. Wir konnten uns auf diesem »internationalen« Flugplatz wirklich nur die Füße vertreten. Darum waren wir dankbar, als uns Mike nach einer knappen halben Stunde zum Weiterflug aufrief. Jetzt lag nur noch die kurze Entfernung von Entebbe nach Nairobi vor uns. Im Grunde war die Reise schon gelaufen. In Gedanken sahen wir uns schon wieder daheim. Wir waren dankbar für die vergangenen Tage. Wir hatten viel erleben dürfen!

Die Maschine hob in Entebbe ab in die Lüfte. Wir hatten auch eine gute Sicht über den Victoriasee. Aber nach etwa zwanzig Minuten Flugdauer verfinsterte sich der Himmel. Vor uns in Richtung Nairobi türmten sich zwei Gewitterfronten auf. Wir waren gerade über der Stadt Kisumu und hatten den Victoriasee hinter uns. Mike erklärte mir die Lage: »Du siehst, da vorne kommen wir nicht durch. Da sind zwei Gewitterfronten, die müssen wir abwarten. Links von uns, im Norden, ist das Elgon-Bergmassiv, das beinahe 4 400 Fuß hoch ist. Dahin können wir auch nicht ausweichen. In den Süden nach rechts auch nicht. Da liegt Tansania, und die Grenze wird scharf bewacht.« Wir schrieben das Jahr 1981, es war gerade drei Jahre her, daß Idi Amin in Tansania einmarschierte. Wohl ist Idi Amin seit 1979 aus Uganda vertrieben, aber viele seiner Anhänger sind immer noch mit Waffen an der Grenze unterwegs. Uns blieb nichts anderes übrig, wir mußten also umkehren.

Kurz entschlossen zog Mike die Maschine in einer steilen Linkskurve zurück nach Westen. Vor uns lag wieder der Victoriasee. Ich drehte mich noch einmal um und sah die beiden Gewitterfronten. Unaufhörlich erleuchteten Blitze die Wolkenwand. Der ganze Himmel war schwarz. Im Westen ging die Sonne gerade unter, die Landschaft unter uns war in zarte Rottöne getaucht. Es war noch genügend Zeit bis zur Dunkelheit. Genügend Zeit für uns, um den Flugplatz in Entebbe zu erreichen. Ich sah, wie Mike jetzt das Radio auf Entebbe einstellte und anfing zu reden. »Five Yankee Delta Mike Bravo« bittet um Landeerlaubnis; Entebbe, bitte melden!« So hörte ich den Piloten reden. Mike redete mit der Zeit um die Wette. In der Zwischenzeit hatten wir Entebbe wieder erreicht, aber wir konnten keine Landelichter sehen. Dazu kam die Dämmerung schneller, als wir es erwartet hatten. Wohl konnte Mike auch bei Nacht landen, aber er brauchte eine erleuchtete Landebahn und Landeanweisungen von den Fluglotsen. Wieder hörte ich ihn, lauter und ungeduldiger als vorher: »5y-DMB« bittet um Landeerlaubnis; Entebbe bitte melden!« Aber Entebbe meldete sich nicht. Da wurde uns mit einem Mal bewußt, daß wir keinen Platz zum Landen hatten. Jetzt sah ich auch auf Mikes Stirne die Schweißtropfen, obwohl es in der Flugzeugkabine recht kühl war.

Die Lage schien aussichtslos. Vor uns war das Gewitter. Kisumu hatte auch schon den Flugplatz gesperrt und den Flugbetrieb eingestellt. Im Süden würde man sofort auf uns schießen, und im Norden würden wir ohne Radar am Elgon-Bergmassiv zerschellen. Die einzige Hoffnung, die uns blieb: geradeaus weiter in den Westen nach Nairobi. Hindurch durch die Gewitterfronten. Noch ehe wir die Gewitterfront erreicht hatten, wurde das kleine Flugzeug von vereinzelten Sturmböen hin und hergeworfen. Je näher wir der Gewitterfront kamen, um so dunkler wurde es um uns. Die Instrumente leuchteten hell in der Dunkelheit. Wir hatten jetzt keine Sicht mehr. Mike versuchte über das Radio Kontakt mit dem »Tower« in Nairobi aufzunehmen, aber die Entfernung war zu groß. Der Wilson-Airport ist mit Sicherheit auch schon geschlossen. Aber wenn wir es schaffen sollten, könnten wir immer noch auf dem internationalen Flugplatz »Jomo Kenyatta« landen.

Mike flog weiter. Jetzt spürten wir die ersten Ausläufer der Gewitter. Das Flugzeug wurde wie ein Ball hin und her geworfen. Ich schaute auf die Instrumente. Man konnte davon nichts mehr ablesen. Die Zeiger drehten sich wie wild im Kreise, und die Maschine wurde herumgewirbelt, als ob sie aus Pappe sei. Mike konzentrierte sich auf die Instrumente, und ich fragte mich, was er da noch erkennen könne. Sein Hemd war durchgeschwitzt. Er versuchte auch weiter, mit Nairobi Kontakt aufzunehmen. Er konnte wenigstens etwas tun. Nur wir Passagiere saßen untätig da. Durch die Luftböen wurden wir immer wieder im Sitz hochgehoben, Blitze zuckten um uns.

Ich drehte mich um und sah meine Frau, wir sahen uns in die Augen und dachten das gleiche. Hinter mir sah ich unsere Bekannte. Sie schrieb mit einem Kugelschreiber eine Botschaft an ihren Mann und ihre Kinder auf die Innenseite ihrer Handtasche. Vielleicht würde man die Handtasche finden. Es war merkwürdig, ich hatte keine Angst. Ich schloß die Augen und dann sah ich plötzlich die morgige Tageszeitung in Nairobi ganz klar und deutlich vor mir. Die Schlagzeile war nicht zu übersehen: Missionsflugzeug im Unwetter abgestürzt, sieben Tote! Ich sah diese Zeitungsmeldung genauso deutlich vor mir, wie ich sonst die Meldungen beim Frühstück lese. Große Ruhe war in mir. Ich überlegte, wann wir wohl beim Absturz ohnmächtig werden, oder ob wir es mit wachen Sinnen erleben würden, wie das Flugzeug am Boden zerschellte.

Der Blick durch die Plastikscheibe des »Cockpits« war faszinierend. Die Wolkentürme kletterten bis ins Unendliche hinauf.

Sie wurden von Blitzen erhellt. Das gab fantastische Konturen, und dazwischen war jetzt auch der Donner zu hören. Unsere Maschine hielt sich tapfer. Eine Böe riß sie hoch, der Höhenmesser überschlug sich, die Geschwindigkeit war nicht mehr zu messen, der Kompaß spielte verrückt. Die Sonne ging hinter uns unter, vor uns war Nacht. Auf einmal sah ich tief unter mir einen hellen Punkt, ein Stück Erde. Wolkenfetzen rasten darüber, aber Lichtstrahlen der untergehenden Sonne waren immer noch zu erkennen. Mike reagierte sofort. Er drückte das Flugzeug in einer Kurve nach unten in das Loch. Wir wurden in die Sitze zurückgeschleudert, und dann tauchte die Maschine tiefer und tiefer. Der Höhenmesser zeigte keine Werte mehr an. Das Flugzeug trudelte und drehte sich, aber dann wurde es heller um uns. Auf einmal umgaben uns Sonnenstrahlen. Mike fing die Maschine wieder auf und schaute auf die Instrumente. Die hatten sich schnell beruhigt, hoch über uns tobte der Sturm weiter.

Hinter uns lag Kisumu, links das Elgon-Bergmassiv, rechts von uns lag Tansania mit seiner gutbewachten Grenze. Vor uns lag Nairobi. Wir konnten es immer noch nicht fassen, daß wir aus dem Gröbsten heraus waren. Mike hatte wieder die volle Kontrolle über sein Flugzeug. Er stimmte die Instumente auf die neue Flugposition ein und drehte am Radio. »5y-DBM bittet um Landeerlaubnis; Jomo Kenyatta bitte melden!« Dann knackte es im Lautsprecher und wir hörten eine Stimme, die uns bestätigte, daß man uns auf dem Radarschirm erfaßt hatte. »Landeerlaubnis erteilt«, hieß es kurz. Das war seit langer Zeit die schönste Stimme für uns. Ich drehte mich wieder zu meiner Frau um. Wir sahen uns wieder an und wußten ohne zu reden, was wir dachten. Gott hatte uns noch einmal Tage, Wochen oder Jahre dazugeschenkt. Wir wollten sie nutzen.

Selten habe ich einen Landeanflug auf einen Flugplatz so genossen wie diesen. Normalerweise landen wir mit diesen kleinen Maschinen auf dem »Wilson-Airport«, aber es war zu spät, und nun lag der internationale Flugplatz vor uns. Unter uns zeigte sich Nairobi in Festbeleuchtung. Ketten von Straßenlampen hingen aneinander, wie Lichterketten an Weihnachten. Mike schwenkte auf die Landebahn ein. Blaue Positionslampen zeigten uns den Weg, und es dauerte nur wenige Minuten, bis Mike die

Maschine so sachte aufsetzte, als hieße es, einen Preis zu gewinnen. Er hatte sicher einen Preis verdient. Gleich an der ersten Abzweigung folgte er der Markierung, die ihm vom »Tower« als Richtlinie angegeben wurde. Dann stellte er »5y-DBM« neben einer »Focker Friendship« der »Kenya Airways« ab. Unsere Knie waren noch weich, als wir aus der Kabine stiegen und unser Gepäck in Empfang nahmen. Auf dem Weg zur Zoll- und Paßkontrolle meinte Mike: »Das war knapp. Laßt uns nicht vergessen, Gott für diese Bewahrung zu danken.« Ich bin überzeugt, daß jeder einzelne von uns das bereits getan hatte.

Sicherheiten aufgeben

Und der Herr sprach zu Abram: »Geh aus deinem Vaterland und von deiner Verwandtschaft und aus deines Vaters Hause in ein Land, das ich dir zeigen will.« (1. Mose 12,1)

Als meine Frau und ich im Januar 1977 nach unserem Heimaturlaub wieder nach Äthiopien ausreisten, nannten uns manche unserer langjährigen Freunde naiv und töricht. »Euch kann man einfach nicht helfen, wenn ihr das nicht selber seht. Ihr habt eure Pflicht getan. Wir haben in den Nachrichten gehört, wie es dort zugeht. Ausländer sind nicht mehr sicher. Das Land hat keine Zukunft, glaubt mir das!« Auch von seiten der Mission hörten wir ähnliche Töne. Man sagte uns: »Mit Märtyrern ist uns nicht geholfen!«

Ich fragte mich: Waren wir denn, weil wir jetzt die Koffer packten, naiv oder töricht, waren wir todesmutige Missionare, die sich gedankenlos ins Martyrium stürzten? Nein, das waren wir sicherlich nicht, denn wir wußten, daß wir in dem vom Krieg heimgesuchten Land Äthiopien genau an dem Platz waren, an den Gott uns gerufen hatte. Dort wollten wir wieder hin. Wir wollten gehorsam sein. Gott hatte uns vor Jahren in seinen Dienst gerufen, darum wußten wir: Er wird uns auch wieder von dieser Arbeit abberufen; zu seiner Zeit. Wir wußten nicht, wann das sein würde, aber das war mit Sicherheit noch nicht heute, das war noch nicht jetzt. Darum buchten wir unseren Rückflug, das Rückreisevisum war gültig, und wir waren gesund.

Man nannte uns naiv, weil wir zu unserem zweiten Einsatz in ein Land einreisen wollten, in dem seit Jahren ein gnadenloser Krieg wütete. Äthiopien stand damals mit seinen Verbündeten, der damaligen Sowjetunion, der ehemaligen DDR und Kuba, mitten im Krieg gegen Somalia, das von einem Groß-Somalia träumte, zu dem auch Teile Äthiopiens und Kenias gehörten. Gleichzeitig kämpften die eritreische, die tigrische und die Omoro-Befreiungsfront für die Unabhängigkeit ihrer

Länder. Sie kämpften gegen die Bevormundung durch die herrschende Klasse der Amharen.

Wir hatten am Ende unseres ersten Einsatzes in der Westprovinz Wollega im Omoroland, nach knapp fünf Jahren, die kirchliche Blindenschule Ghimbi auf- und ausgebaut. Aber wir wurden immer noch gebraucht. Es war für uns selbstverständlich, daß wir noch einmal an unseren Einsatzort zurückkehrten, um die ganze Projektarbeit ordentlich an den Nachfolger zu übergeben. Das würde noch ein gutes Jahr dauern.

Menschlich gesehen hatten wir keine Sicherheiten in Äthiopien, obwohl wir von der Deutschen Botschaft einen Schutzbrief erhalten hatten. Der Schutzbrief war bedeutungslos, weil die meisten Soldaten an den Schlagbäumen nicht lesen konnten. Beschützen konnte uns auch die deutsche Fahne am Rückfenster unseres Landrovers nicht. Sie half nicht, wenn die Milizsoldaten mit ungesicherten Gewehren herumhantierten und immer wieder Unbeteiligte erschossen wurden! Selbst der beste Evakuierungsplan mit einem bereitgestellten Flugzeug versagt, wenn es kein Benzin mehr gibt, um die Hauptstadt Addis Abeba zu erreichen. Die Telefonverbindung war schon seit Monaten unterbrochen. Unsere einzige Verbindung zur Außenwelt war der morgendliche Funkkontakt mit der Missionsstation in Addis Abeba und den Stationen im Inland.

Aber wir wußten uns gerade in dieser Zeit der äußerlichen Unsicherheit in Gottes Hand geborgen. Er hatte uns damals in den Dienst gerufen, und er wollte uns noch gebrauchen. Er hatte uns noch nicht aus seinem Dienst entlassen. Das wußten wir ganz gewiß. Das Wissen, daß wir am richtigen Platz, daß wir im Zentrum seines Willens waren, das gab uns mehr Sicherheit, es gab uns mehr Schutz, als ihn uns alle Armeen der Welt jemals hätten bieten können. Geborgen in Gottes Hand.

Wir durften in all den Jahren, in denen wir als Missionare arbeiteten, Gottes schützende Hand, seine Bewahrung erleben. Nicht nur in Äthiopien, sondern auch später in Kenia und bei unseren vielen Dienstreisen quer durch den afrikanischen Kontinent. Diese Erfahrungen sind für uns von bleibendem Wert. So können wir in großer Freude und Gelassenheit die Liedstrophe von Dietrich Bonhoeffer nachbeten: »Von guten Mächten wunderbar geborgen, erwarten wir getrost, was kommen mag. Gott ist mit uns am Abend und am Morgen und ganz gewiß an jedem neuen Tag.«

Worterklärungen

Ato	»Herr« in der Omorosprache
Cedi	Währung in Ghana
CFA	Afrikanischer »Franc«, Währung im französischsprechenden Westafrika
CBM	Christoffel-Blindenmission
Elephantitis	Elefantiasis, durch Lymphstauung bedingte, unförmige Verdickung des Haut- und Unterhautzellengewebes mit Bindegewebswucherung
Geez	Alte Sprache in Äthiopien – die Bibel war lange Jahre nur in Geez geschrieben.
Hammadan	Sandsturm in Westafrika – der Name kommt von der Steinwüste Hammada, im Norden der Sahara
Ife-Kultur	Kultur, die im 13. Jahrhundert die Nok-Kultur ablöste – die Stadt Ife liegt im Süden des Landes Nigeria
Kwacha	Währung in Sambia und Malawi
Leone	Währung in Sierra Leone
Mal barbadu?	»Was wollt ihr?« in der Omorosprache
Naira	Währung in Nigeria
Negus Negesti	»König der Könige«, Titel des Haile Selassie, des letzten Kaisers von Äthiopien

Nok-Kultur	Alte Kultur (2 000 v. Chr. bis 250 n. Chr.), nach dem Dorf Nok im Norden des Landes Nigeria benannt – dort wurden wunderschöne Plastiken aus der Eisenzeit gefunden.
SBW	»Sight by Wings«, (Augenlicht auf Flügeln) Kenianischer christlicher Augenrettungsdienst
SIM	Sudan Inland Mission
Teff	grasähnliches Getreide
Wadi	Trockenes Flußbett
Waldelefanten	seltene Elefantenart in Zentralafrika
Voodoo	Synkretistischer, mit katholischen Elementen durchsetzter magisch-religiöser Geheimkult. Voodoo kommt ursprünglich aus Benin in Westafrika.
Zanu + Zapu	Freiheitsbewegungen in Simbabwe, die 1980 die weiße Minderheitsregierung Smith stürzten.

Spannende Missionserzählungen

Karl-Dietrich Opitz
Zum Tode verurteilt
Das Schicksal eines jungen Christen im sozialistischen Äthiopien nach dem Verfall des Kaiserreiches
176 Seiten, Bestell-Nr. 72362

Schauplatz der Erzählung ist das kommunistische Äthiopien. Gegner des Regimes werden mit unglaublicher Härte verfolgt. So auch der junge Tadesse. Er ist Lehrer in einer Blindenschule und Christ. Er hat sich gegen die Schreckensherrschaft der Kommunisten ausgesprochen und wird steckbrieflich gesucht. Mehrere Wochen kann er sich versteckt halten, doch dann wird er doch gefangen und ins Gefängnis geworfen. Tadesse weiß, was dort auf ihn wartet: Folter – und vielleicht sogar der Tod. Doch im Gefängnis erlebt er Gottes Liebe und Bewahrung auf ganz besondere Weise...

Howard und Geraldine Taylor
Hudson Taylor – Abenteuer mit Gott
176 Seiten, Bestell-Nr. 72324

Viele Christen fragen und suchen – mit Recht – nach mehr Vollmacht und Kraft in der Nachfolge und im Dienste Jesu. Das Leben Hudson Taylors ist hervorragend dazu angetan, uns darin den Weg zu weisen. Die Verfasser dieses Buches – Sohn und Schwiegertochter Hudson Taylors – haben in feiner Weise die Lebensgeschichte dieses Mannes erforscht und aufgezeichnet. Damit haben sie ein Buch geschaffen, das jedem offenen Leser einen reichen Segen bereiten will und eine Wegweisung zu einem erfüllteren, überfließenden Leben in der Nachfolge Jesu sein kann.

H. Tanaka
Mitten unter die Wölfe
Biographie von Sotohiko Matsuzaki
96 Seiten, Nr. 56915

Man kann kaum glauben, daß ein Mensch so viel an Leiden aushalten kann wie der japanische Evangelist Matsuzaki. Als Knabe wurde er zum buddhistischen Tempelpriester bestimmt und dort auch erzogen.
Im Studium westlicher Literatur erschloß sich ihm eine neue Welt, aber nicht das Rätsel des Lebens, das er schließlich nur noch durch Selbstmord glaubte lösen zu können. Bei einer Versammlung der Heilsarmee änderte sich sein Leben, als er das Wort Jesu hörte.
Er nahm den Haß seiner Familie und seiner Volksgenossen auf sich und ging den Weg des Leidens mit Jesus.
Eine fesselnde Biographie, die Mut macht, auch im Leiden Jesu die Treue zu halten.

Don Richardson
Friedenskind
Wandlung einer Dschungelkultur grausamer Tücke in Neuguinea

Die Schädel ihrer Opfer benutzten sie als Kopfkissen ... das höchste Ideal ihres Stammes – durch Generationen hindurch verfeinert – war der tückische Verrat... Die am höchsten verehrte Form des Verrats war es, jemanden »mit Freundschaft zum Schlachtfest zu mästen«. Die Rede ist von den Sawis auf West Irian (Niederländisch-Neuguinea), ein Stamm raffiniertester Intriganten, Kopfjäger und Kannibalen. Zusammen mit seiner Frau lebte der Autor als Missionar unter diesen »Helden der Tücke«. Das Ehepaar brachte ihnen die frohe Kunde von Jesus Christus, Gottes »Friedenskind«.

Bitte fragen Sie in Ihrer Buchhandlung nach diesen Büchern!